DR. JAIME ESC

COLDMEI

FOMENTO DEL TURIS

(Sindicat d'I.

FÜHRER VON MALLORCA

111: AUSGABE

(17. Ausgabe in deutscher Sprache)

(Mit einer farbigen Karte der Insel, sowie
mit einem ebenfalls farbigen Stadtplan)

18 KARTEN UND PLÄNE

Dieser Führer ist von dem FOMENTO DEL TURISMO
(Sindicat d'Initiative de Mallorca) als von Interesse
für den Fremdenverkehr erklärt worden

**PHOTOGRAPHIEN SCHWARZ - WEISS
UND FARBIG DES VERFASSERS**

Editor Escalas
Santiago Rusiñol, 12 - Teléfono 21 20 51
PALMA DE MALLORCA

Dieser Führer erscheint bereits in der 111
Auflage:

ENGLISCH . . . . (19. Auflage)
DEUTSCH . . . . (17. Auflage)
FRANZÖSISCH . . . . (20. Auflage)
SPANISCH . . . . (18. Auflage)
SCHWEDISCH . . . . (9. Auflage)
HOLLÄNDISCH . . . . (11. Auflage)
ITALIENISCH . . . . (6. Auflage)
DÄNISCH . . . . (7. Auflage)
FINNLÄNDISCH . . . . (3. Auflage)

Depósito Legal: B. 13053 - 1977

Nº Rº 424452.

I.S.B.N. 84-400-7280-5.

Verleger ESCALAS

1977

Herr LUIS SAINZ DE BUJANDA. Sekretär der Gesellschaft FO-
MENTO DEL TURISMO (Fremdenverkehrsverband) in Palma de
Mallorca, bescheinigt hiermit, dass der vollständige Text des von
Herrn Jaime Escalas Real verfassten «FÜHRER VON MALLORCA»
in unserer Gesellschaft gelesen wurde, ohne dass Fehler darin
festgestellt wurden.

Seine Veröffentlichung ist daher für den Fremdenverkehr interessant.

Dieses Dokument stelle ich zur entsprechenden Beglaubigung
in Palma de Mallorca am 15, August 1957 aus.

Beglaubigt:
gez. Gabriel Alzamora, Präsident.

Impreso por I. G. Seix y Barral Hnos., S. A. - Provenza, 219
BARCELONA (España) - Printed in Spain

INHALTSVERZEICHNIS

I. Kapitel

ALLGEMEINE BESCHREIBUNG VON MALLORCA

Einleitung   5

II. Kapitel

DIE STADT PALMA UND IHRE UMGEBUNG

I.—Geschichte der Stadt   41
II.—Palma als Denkmalstadt   53
       Stadtrundgänge   76
III.—Typisches der Stadt Palma   83
IV.—Palma als moderne Stadt   87
V.—Die Umgebung der Stadt 103

III. Kapitel

AUSFLÜGE AUF DER INSEL

1. Ausflug: Palma - Camp de Mar - Hafen von Andraitx-Andraitx - Estallenchs - Bañalbúfar - Esporlas - Establimens - Palma 121
2. Ausflug: Palma - Valldemosa - Deyá - Sóller - Hafen von Sóller - Gebirgspass von Sóller - Alfabia - Raxa - Palma 129
3. Ausflug: Palma - Inca - Kloster Lluch - Pollensa - Hafen von Pollensa - Formentor und Leuchtturm - Alcudia und sein Hafen - Inca - Palma 141
4. Ausflug: Palma - Inca - Lluch - La Calobra - Torrent de Pareis - Son Torrella - Sóller - Palma 153
5. Ausflug: Drach -und Hams-höhlen (Manacor) und die Höhlen von Artá 159
6. Ausflug: Petra 175
7. Ausflug: Palma - Lluchmayor - Porreras - Felanitx - Puig de San Salvador - Cala d'Or - Santanyi und seine Buchten - Campos - Lluchmayor - Palma 177
8. Ausflug: Palma - Lloseta - Orient - Buñola - S'Esglaieta - Esporlas - Puigpuñent - Galilea - Andraitx 183
9. Ausflug: Berg von Randa 189
10. Ausflug: Palma - Sineu - María de la Salud - Santa Margarita - Ca'n Picafort 191

BERGTOUREN 193
MALLORCA - RUNDFAHRT 201
FAHRT ZUR NACHBARINSEL CABRERA 208

Praehistorische Ansiedlung von *Capocorp (Lluchmayor)*

Praehistorische Ansiedlung von *Ses Pahisses* (*Artá*)

I. Kapitel

ALLGEMEINE BESCHREIBUNG VON MALLORCA

AUSFÜHRUNGEN ÜBER DIE VORGESCHICHTE VON MALLORCA. — Ungefähr um das Jahr Tausend v. J. C. war der Höhepunkt des bedeutendsten Zeitabschnitts der Vorgeschichte Mallorcas, der von den Archäologen Kultur der *Talaiots* benannt wird, charakterisiert durch diese Monumente "*Talaiots*" genannt.

Der *Talaiot* war meistens ein Begräbnisdenkmal genau so wie Naveta und viele von den künstlichen vorgeschichtlichen Höhlen, welche sehr häufig auf der Insel vorkommen. Ausserdem gibt es noch ummauerte Dörfer, Dolmen, Festungbauten auf Hügeln u.s.w., welche aus derselben Kulturzeit stammen.

Wegen ihrer Bedeutung und leichtem Zugang lohnt es sich folgende Denkmäler zu besuchen: das Dorf von *Capucorp Vell (Lluchmayor)*. Dorf von *Son Real (Ca'n Picafort)*, Talaiot von *Binifax (Sancelles)*, die Höhlen von der *Cala San Vicente (Pollensa)*, Höhlen von *Son Sunyer Vell (El Arenal)* und den *Talaiot* von *Son Danús (Santanyi)*. (J. MASCARO PASARIUS.)

GESCHICHTLICHER RÜCKBLICK. — *Ureinwohner.* — In einer Periode der Übergangszeit und nu zu Beginn der Zeitgeschichte waren die Mallorquinischen Schleuderer bekannt und berühmt durch die geschickte Handhabung der Schleuder. Estrabon berichtet, dass die Eltern ihre Kinder anlernten und sie dazu zwangen, ihr Essen, das auf einem Baum hing, zu treffen, und sie nicht vorher essen durften bevor sie es mit dem Stein getroffen hatten. Auf diese Weise verhinderten sie im Jahr 1205 v. J. C., dass der Admiral Magón an Land kam und die Insel erobern konnte.

Römische Herrschaft.—Phönizier und Griechen beherrschten nacheinanderfolgend die Insel. Aber im Jahr 123 v. J. C. besiegte Quinto Cecilio Metelo, eine mächtige. Flotte führend, deren Schiffe mit Leder überzogen waren, die Mallorquinischen Schleuderer, landete und stellte die Insel unter römische Herrschaft. Es gründete die ersten wichtigen Städte von Pollentia (heute *Alcudia*) und Palmaria (heute *Palma*). Wenn *auch* Zweifel besteht, ob die römische Stadt das war, was der Hafen von *Campos* oder *Colonia* von *San Jordi* ist, in deren Gewässern man Reste von versunkenen römischen Schiffen sowie eine grosse Anzahl römischer Anforen gefunden hat. Die Reste des römischen Theaters und die Ausgrabungen in *Alcudia* sind

Alcudia Romanische Stadt von *Pollentia*

Alcudia Romanisches Theater

Zeugen dieser Herrschaft. Die Bevölkerung der Insel zählte damals 30.000 Einwohner.

Arabische Herrschaft. — Die Araber eroberten die Insel im Jahr 902 und begannen den Wiederaufbau. Im Jahr 1005 waren sie von *Denia* abhängig und erhielten die Unabhängigkeit unter der Herrschaft von Wali Al Motadha, welcher die Insel in ein Piratennest verwandelte, und bedrohten mit Terror die Küsten von Katalonien, Frankreich und Italien.

Im Jahr 1113, unter dem Befehl des Grafen von Barcelona Berenguer III, organisierten Katalonier und Landsleute eine Expedition zur Eroberung der Insel, die aus 500 Schiffen und 70.000 Männern bestand. Die Stadt Medina Mayúrca (heute *Palma*) war durch 4 riesige Stadtmauern befestigt. Die Araber leisteten hartnäckigen Widerstand und die Eroberung wurde aufgegeben. Von den Arabern ging die Insel zu einer afrikanischen Dynastie der Almoraviden über, welche im Jahr 1127 ein unabhängige Herrschaft gründeten. Nach vielen Kämpfen beherrschte Mallorca über 50 Jahre lang den Norden von Africa, Mongreb und Tripolitania bis zur Sahara. Die Herrschaft der Araber auf Mallorca dauerte über 4 Jahrhunderte. Zeugen davon sind die arabischen Bäder und der *Almudaina*-Bogen in *Palma*. Diese Zeit hinterliess starke Spuren in der Lebensweise der Einwohner, ihren Sitten und Folklore.

Von der Eroberung der Insel durch die Christen. — Die politische Situation zwischen Katalonien und der Republik von Pisa und Florenz war sehr gespannt. Die Katalanen wünschten die Eroberung der Insel und gleichzeitig die Säuberung der Küste von Piraten. Die Macht des arabischen Mallorca wurde immer stärker. Trotzdem widerstehen Pisa, unterstützt vom Graf Berenguer IV, der Herrschaft der Balearen von Seiten Genuas. Die italienischen Staaten nehmen trotz ihrer eigenen Interessen geschäftlichen Kontakt mit dem arabischen Mallorca auf. Katalonien wuchs in geschäftlicher und politischer Bedeutung. Und trotz der vielen Schwierigkeiten trachteten sie nur danach sich Mallorca anzueignen.

Die Rivalität zwischen Wali, unterstützt von Genua, und dem königlichen Grafen von Katalonien, Jaime I war von Tag zu Tag gespannter und gelangte zum Höhepunkt im Jahre 1227.

Das Festessen von Tarragona. — Dort entstand der Plan der Eroberung. Pere Martell, grosser Kenner des Meeres, lud den König und sein Gefolge am 16. November zu einem Festmahl ein.

Nach dem Festessen gab der Hausherr eine phantastische Beschreibung der Insel, welche er durch seine wiederholten Besuche kannte. Um das Interesse für die Produkte dieser Insel zu erwecken, liess er als Nachtisch mallorquinische Oliven auftragen und begeisterte damit die Anwesenden.

Die Folgen des Festessens. — Kurze Zeit danach berief der König, der erst 20 Jahre alt war, eine Versammlung nach Barcelona ein mit Schwungkraft, wie wir heute sagen würden. Und um dieser Versammlung einen demokratischen Charakter zu geben, lud er dazu die Bürgerschaft von Katalonien ein. Die Versammlung fand im Saal von Tinell im alten Königspalast statt. Nachher im Stadtrat behauptete sich der junge König gegen die von Aragon, welche der Meinung waren, dass sie zuerst gegen Murcia marschieren sollten. Alle boten dem Unternehmen freiwillig ihre Hilfe an, stellten die militärischen Mittel (Männer, Waffen, Pferde) und Geld. Der Stadtrat beschloss den Weihnachtsvorabend des Jahres 1228 mit dem Rut: "Nach Mallorca!, nach Mallorca!" Die Freiwilligen trugen sich ein. Ganz Katalonien war hell begeistert.

Der militärische Feldzug.—Am. 5. September 1229, nachdem alle Schwierigkeiten beseitigt waren, stach die Expedition in See. Die Streitmacht bestand aus 4 Heeren mit 16.000 Mann 1.500 Pferde, verteilt auf 150 grössere Schiffe und andere kleinere. Der Wali von Mallorca sah den Angriff voraus und hatte ein Heer bereit mit 18.000 Männern und 1.000 Pferden. Der König Jaime I befand sich im ersten Schiff und führte die Flotte an. Am nächsten Tag befanden sie sich vor der Insel. Am 7. landeten die ersten Soldaten auf der kleinen Insel Pantaleu in der Nähe von *La Dragonera* und errichteten so einen Brückenkopf. Der Hauptteil des Heeres landete am 10. in *Santa Ponsa*.

Der Wali, vor diese schwierige Situation gestellt, kam mit 5.000 Mann entgegen. Aber ein anderer Heeresteil landete in *La Porrosa*, um ein Einkreisungsmanöver zu verwirklichen.

Die Einnahme der Stadt. — Die Ersten Angriffe waren günstig für die Katalanen und brachten den Arabern grosse Verluste bei. Nach schweren Kämpfen erreichte das königliche Heer 5 km vor der Stadt einen Ort, der seitdem *El Secar de la Real* benannt wird. Dort wurde die Belagerung und der Angriff auf die Stadt geplant. Er wurde verwirklicht, indem die Stadtmauern durchbrochen wurden. Am 31. Dezember 1229 zog Jaime I siegreich an der Spitze seines Heeres in die Stadt ein.

Gründung des mallorquinischen Königreichs. — Sofort nach der Eroberung (März 1230) gründete Jaime seinen neuen mallorquinischen Staat: Bekanntgabe der Volksrechte in 37 Kapiteln auf demokratischer Basis sowie Gleichheit, Freiheit, Selbstregierung mit unabhängigen Gerichten, politisch administrativen Normen für Zivil und Kriminel, Übergabe an die neuen Bewohner, freier Besitz, geschäftliche Ausdehnung, Unantastbarkeit der Wohnungen, Höfe, Mühlen und Schiffe.

Amtsgewalt des Gouverneurs. Durch das representative System gründete er den grossen, allgemeinen Rat. Der Baile war

verantwortlich für die Ordnung und Ausführung der königlichen Befehle. El *Veguer* umfasste das und Strafrecht. So war es die modernste Verfassung jener Zeit.

Das Königreich Mallorca.—Regierung Jaime II: Im Jahre 1276, als Jaime I starb, hinterliess er seinem Sohn Jaime II das Königreich Mallorca, el Rosellón und Montpellier. Der neue König konzentrierte sich auf die Insel, wo er grosse Leistungen verwirklichte. Wenn auch die Meinung besteht, dass der Eroberer versprach die Kathedrale zu errichten, so war es doch in Wirklichkeit Jaime II, der den Bau dieses grandiosen Denkmals ermöglichte und mit der Konstruktion begann. Er veranlasste den Bau des königlichen Palastes der Almudaina an derselben Stelle, wo der von Wali stand. Gleichzeitig entstand der von *Perpignan* im ähnlichen Stil. Sein Werk ist auch das Schloss von *Bellver*, ein sowohl festungs- wie palastähnliches Bauwerk, ausserdem die königlichen Schlösser von *Valldemosa* am selben Platz, den heute *La Cartuja* einnimt, von *Sineu* und von *Manacor*. Er liess die *Mauern* von *Alcudia* bauen, gründete viele Dörfer und Städte wie. *Lluchmayor, Manacor, Petra, Felanitx*, u.s.w.

In kultureller Hinsicht war er ein grosser Förderer von *Ramón Llull*, einer grossen Persönlichkeit jener Zeit. Im Siedlungswesen verwilklichte er grosse Reformen durch: Entwicklung von neuen Strassen in der Stadt. Er begann die grossartigen Kirchen, welche heute die Pfarren von *San Miguel, Santa Eulalia, San Jaime* und *Santa Cruz* sind. Er gründete Klöster unter anderem das von *Santa Margarita* und *San Francisco*, heute nationale Denkmäler. Er konnte die Umleitung der *Riera* ausserhalb der Stadt, welche so grosse Überschwemmungen verursachte, nicht mehr durchführen. Er gab Handel und Marine einen grossen Auftrieb und führte für sein Königreich eine Geldwährung ein. Auf sozialem Gebiet setzte er die Mindestlöhne für die Landarbeiter fest.

Regierung von Sancho.—Sancho erbte den Thron im Jahre 1311 als sein Vater Jaime II starb. Er gab dem Handel und der zivilen Gerechtigkeit einen noch grösseren Auftrieb als sie schon sein Vorgänger verwirlincht hatte, bestätigte die Freiheiten und Vorrechte, die von Jaime II durch Angriffe der Nachbarstaaten. Im Jahre 1312 unterzeichnete er den Friedensvertrag mit dem König von Bujía. Er starb 1324. Nach seinem Tode begann der Verfall des Königreichs Mallorca und seiner Macht.

Ende des Königreichs Mallorca.—König Sancho starb ohne Nachkommenschaft. Das Königreich erbte sein Neffe Jaime III, der erst neun Jahre alt war.

Das Königreich wurde unter die Vormundschaft des Rats der Regierung gestellt, der königstreu danach trachtete, die Recht-

Palma, Arabischer Bogen von *S'Hort del Rei*

schaffenheit und den Fortschritt aufrecht zu erhalten. Unter anderem gründete er 1325 das See-Konsulat. Es gab Streit zwischen Mallorca und Pedro III, dem König von Aragon, Schwager von Jaime III, der die Absicht hatte sich Mallorcas zu bemächtigen und das auch erreichte. Jaime III versuchte Mallorca wiederzugewinnen und organisierte eine Landungsstreitmacht. Er wurde besiegt und starb im Kampf von *Lluchmayor* am 25. Oktober 1349. Damit wurde Mallorca endgültig an das Königreich Aragon angeschlossen. Nachdem Aragon und Castilien vereint wurden und Granada im Jahre 1492 erobert war, wurde die nationale und politische Einheit Spaniens geschaffen. Wonach Mallorca seit damals dazu gehört. Heute bildet es gemeinsam mit den anderen Inseln Menorca und Ibiza die spanische Provinz "Die Balearen". (Aus Geschichte von Mallorca. M. ANTONI PONS, 1963.)

GEOGRAPHISCHE BESCHREIBUNG. — Mallorca hat eine Flächenausdehnung von 3.640 km.[2] bei einer Küstenlänge von mehr als 300 km. Auf der Insel wohnen 450.000 Einwohner, d.h. 111 pro km.[2] Die Insel hat die Form eines Rhomboids mit drei grossen Buchten nämlich denen von *Palma*, *Pollensa* und *Alcudia*. Man kann die Insel in zwei grosse Zonen einteilen, in die Ebene *(Es Pla)* und den gebirgigen Teil *(La Munta-*

Palma. Kathedrale Abside

nya). Die Ebene umfasst das Gebiet des Südens und des Ostens der Insel. Sie ist in grossem Umfange landwirtschaftlich bebaut und bildet den Grundstock für den landwirtschaftlichen Reichtum Mallorcas. Der Boden verdankt seine Fruchtbarkeit gröstenteils der bevorzugten Lage am Fusse der Bergkette, welche die kalten Nordwinde abhält. Das Gelände ist tiefgelegen und die Bewässerung somit einfach zu bewerkstelligen. Besonders reich sind einzelne Zonen, die über tausende von Windmühlen und Motorpumpen verfügen, wie z.B. *Prat de Sant Jordi* bei *Palma* und *La Puebla.* In diesem Teil der Insel findet man keine zusammenhängenden Gebirge. Als einzelne Berge von ,500 m Höhe wären nur die von *Randa (Lluchmayor), Bonany (Petra), San Salvador (Felanitx)* und *Ferrutx (Artá)* zu nennen.

Die Hauptstadt der Insel ist *Palma* (215.000 Einwohner). Sie ist das Zentrum für alle Verkehrsverbindungen sowohl für das Innere der Insel als auch nach aussen über den Seehafen bzw. Flugplatz. Weitere wichtige Orte sind *Manacor* (19.000 Einw.), *Inca* (14.000 Einw.) *Felanitx* (13.000 Einw.), *Sóller* (10.500 Einw.), *Pollensa, Lluchmayor* (12.000) und *La Puebla* (11.000 Einw.). Nicht so bedeutend sind folgende Orte, die jeweils unter 10.000 Einwohner haben: *Artá, Andraitx, Sineu, Petra, Campos,* usw. Dort wird vorwiegend Ackerbau betrieben. Ein Strassennetz von 2.000 km sowie ein Schienennetz von 246 km Länge

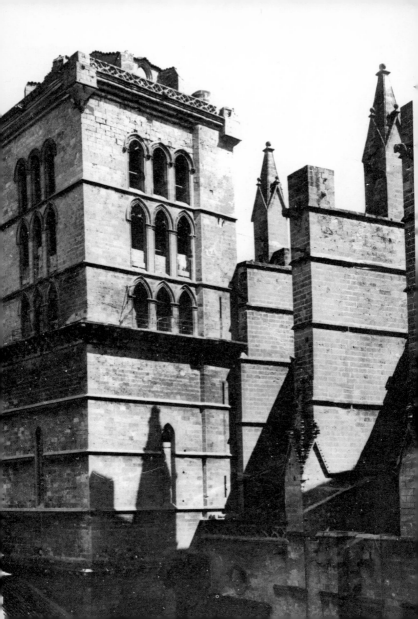

mit 38 Bahnhöfen verbindet die Orte untereinander und mit der Hauptstadt.

DIE GEOLOGIE MALLORCAS. — Die Balearen sind die einzige im Zentrum des westlichen Mittelmeeres gelegene Inselgruppe. Sie sind nicht vulkanischen Ursprungs, wie allgemein angenommen wird, sondern sie werden grösstenteils von Kalk- und Sandstein, Mergel und Ton gebildet. Diese Materialien, wie z.B. der Mallorca-Lignit, haben sich am Grund längst verschwundener Meere oder an Festlandlagunen angesetzt. Alles das deutet auf eine lange geologische Vorgeschichte hin, die auf der Insel *Menorca* ihren Anfang nimmt, weil sich dort schon primäre Erdschichten aus der paläozoischen Periode finden. Auf den übrigen Inseln lassen sich dann deutliche Schichten aus der Sekundär- und Tertiärzeit nachweisen. Trotzdem sind beide Inselgruppen verschiedenen Ursprungs. Denn bei den Balearen unterscheidet man eine alte Gruppe mit *Menorca* und eine jüngeren Datums mit *Ibiza-Mallorca*. Das rührt daher, dass ihre geologische Entwicklung unterschiedlich war.

Ibiza und *Mallorca* verdanken ihren Ursprung direkt den gewaltigen Verwerfungen, welche die riesigen Gebirge der Penibética auftürmten, die von *Cádiz* bis zum Kap *La Nao (Alicante)* reichen. Man muss sich die genannten Inseln als den äussersten östlichen Zipfel denken. Ihre Gesteinsmassen brachen aus einem riesigen Graben hervor, der sich über weite Strecken längs des heutigen Gebirge hinzog. Genau wie der Balg eines Akkordeons sich in Falten legt, so presste der Druck des nordafrikanischen Kontinents solange auf die Sedimente, bis all die alten Meeresablagerungen vor der starren, archäischen Masse der Meseta Ibérica entsprechende Verwerfungen bildeten.

Auf diese Weise kamen *Ibiza* und *Mallorca* ans Tageslicht und zwar etwa um die gleiche Zeit wie die Alpen und andere Mittelmeer-Gebirge. Aus diesem Grunde sind ihre Konturen noch ursprünglich erhalten, d.h. spitz und eigenartig, in Form von langen, steilen und parallelen Gebirgsketten, die wie Meereswellen aussehen, wenn sie sich am Strand brechen. Kurze Zeit, nachdem die ganze Gebirgsgruppe von *Ibiza* und *Mallorca* erschienen war, blieb sie untereinander und mit dem Gebiet von *Alicante* durch eine breite Hülle von Meeresablagerungen aus neuerer Zeit (mittleres Miocän) verbunden, die und infolge der vereinten Wirkung des Meeres und vertikaler Verschiebungen, welche das ganze Mittelmeergebiet betrafen, begann die Trennung untereinander und die vom spanischen Festland, bis die jetzige Form und Lage erreicht wurde. (Aus "Biogeografía de las Baleares", G. COLOM, 1957.)

Kathedrale Tor von *La Almoina* Haupteingang

MALLORQUINISCHE LITERATUR. — Wenn auch 95 Prozent der Einwohner die offizielle Landessprache, d.h. Spanisch, beherrschen, so ist doch der mallorquiner Dialekt, eine Abart der katalanischen Sprache, die Umgangssprache auf der Insel. Lateinischen Ursprungs und eingeführt durch die Katalanen, die 1129 unter König Jaime I, die Insel eroberten, ersetzte sie seither die arabische Sprache, welche die Einwohner während der Maurenzeit gesprochen haben.

Die katalanische Sprache war Anfangs noch in Entwicklung begriffen und wurde erst durch einen berühmten Mallorquiner vervollkommnet und bekannt: Ramón Llull (1231-1315) Zunächst Haushofmeister am Hof König Jaime II. wurde er 1262 ein wahrer Vorkämpfer für den christlichen Glauben. Als Ziel hatte er sich die Bekehrung der ganzen Welt zum Christentum gesetzt. Er schrieb zu diesem Zweck u.a. 250 Werke meist auf katalanisch. Er war ein Philosoph, Mystiker und Poet zugleich. Seine Hauptwerke sind: *Llibre de la contemplació, Blanquerna, Fèlix de las Merevelles* und *Arbre de la ciència.* Menéndez y Pelayo pflegte zu sagen: "Philosophie wurde zum ersten Mal auf katalanisch von Ramón Llull verkündet".

Palma. Fischerhafen →

Palma. Gaerten des *S'Hort del Rey* →

Kathedrale Museum

Im Verlauf des 14. bis 16. Jahrhunderts wirkten ferner: Der bekannte Franziskanermönch Anselm Turmeda (1355-1432), der zum Islam übertrat und die Bücher *Profecies*, *Diputació d'un ase* und *Cobles de la divisió del regne de Mallorque* schrieb. Andere Schriftsteller waren Guillem de Torrella und Jaume d'Olesa. Autor der Werke *La nova art de trobar* und *Obra del menyspreu del món*, gestorben im Jahre 1550. Im 16. Jahrhundet zeigen sich Verfallserscheinungen in der mallorquiner und katalanischen Literatur und das reine Spanisch gewinnt an Einfluss, ohne dass jedoch ein bedeutender Name zu nennen wäre. Im Jahre 1715 verlor der mallorquinische Dialekt seinen offiziellen Charakter und hielt sich fortan nur im Volke und in dessen Literatur.

Kurz nach dem Aufkommen der katalanischen Sprache im Jahre 1833 nimmt auch die Literatur in Mallorca neuen Aufschwung. Bei der Herausgabe der noch spanisch geschriebenen Zeitschrift *Palma* (1840) wirkten Tomás Aguiló, Montis und Quadrado mit. Tomás Aguiló (1818-1884) hatte die ersten Verdienste um die neue Dichtung. Später trat noch der Schriftsteller und Sprachforscher María Aguiló (1825-1897) hervor, der *Romancer feudal* schrieb und das erste Lexikon des klassischen Katalanisch herausgab. Von Bedeutung waren ferner: José Luis Pons i Gallarza (1823-1894), Jeroni Rosselló (1827-1902), Guillem Forteza (1838-1898), Tomás Forteza (1838-1898), der die

Kathedrale Details der Tuere des *Mirador*

erste wissenschaftliche *Gramàtica Catalana* herausgab, und weiter Ramón Picó i Campamar (1848-1916), der Romanzen aus der Ritterzeit schrieb. Wahre Volksdichter waren Pere d'Alcántara Penya (1823-1906) und Bartomeu Ferrá (1943-1924). In der mallorquiner Prosa trat Gabriel Maura (1842-1907), Bruder des berühmten Politikers Antonio Maura, hervor. Sein Werk *Aigoforts* beschreibt in lebhaften Farben das Leben auf Mallorca in der zweiten Hälfte des 19. Jahrhunderts.

Die Mallorquinische Dichtung wird jedoch erst von Mossèn Miquel Costa i Llobera (1854-1922) und Joan Alcover (1854-1926) auf ihren Höhepunkt gebracht und gab der katalanischen Sprache neue Formen. Der Schriftsteller und Redner Joan Alcover gab seine *Elegies* heraus, die weltbekannt sein sollten. Ihnen folgten der Geschichtschreiber Miquel dels Sants Oliver (1864-1920), M.ª Antonia Salvá (1870-1958), der Humanist Mossèn Llorens Riber (1881-1958), Miquel Ferrá (1885-1947), Schöpfer reiner mallorquiner Poesien, Mateu Obrador (1853-1909), José M.ª Tous i Maroto (1870-1949), Gabriel Alomar (1873-1941), Joan Ramis d'Aireflor (1882-1956) und Bartomeu Forteza (1894-1932), erwähnt werden muss noch Mossèn Antonio M.ª Alcover (1862-1932), der die *Rondalles Mallorquines* (Rundgesänge) sammelte und der das 1962 fertig gewordene

Kathedrale Grabstätte des Bischofs Galiana = Portal des alten Chors

Lexikon *Català-Valencià-Balear* begann, und ein Nachfolger von Ramón Llull, Mossèn Salvador Galmes (1878-1951) war.

Auch heute noch wird die Dichtung in ihren verschiedenen Formen von vielen Schriftstellern weiter betrieben. Poesien, Novellen und Theaterstücke werden verfasst. Ein erster Neuerer der Poesie war Bartomeu Rosselló Porcel (1913-1937). (MIGUEL FORTEZA.)

DIE ENTWICKLUNG DER SEGELSCHIFFAHRT AUF MALLORCA. — Auf diesen Abschnitt der Geschichte Mallorcas muss besonders hingewiesen werden. Im Auszug geben wir hier die Ergebnisse der Forschungsarbeiten von Herrn LLABRES BERNAL. Auf Grund der im 13. Jahrhundert kurz nach der Eroberung der Insel durch die Christen sich anbahnenden Handelsbeziehungen kam es auch zum Aufbau der Segelschifffahrt. Der ursprüngliche Hafen Palmas lag in *Porto-Pi*. Seine Einfahrt wurde durch zwei Türme geschützt, welche die Sperrung der kleinen Bucht mit Hilfe einer Kette ermöglichten. Einer dieser beiden Türme aus dem 15 Jahrhundert, *Pelaires* genannt ist auch heute noch gut erhalten und steht an der Zufahrt der heutigen Hafenmole für Überseeschiffe. Mit der Zunahme des Seeverkehrs erwies sich *Porto Pi* als zu klein.

Kathedrale Grab des Bischofs Torrella   Eingang zu den Kapitularsaelen

Man begann mit dem Bau eines neuen Hafens in der Gegend der *Lonja*.

Ende des 15. Jahrhunderts kam es durch die kriegerischen Ereignisse jener Zeit zu dem Niedergang des mallorquiner Handels und somit auch der Schiffahrt. Im Verlauf des 16. Jahrhunderts ging die Anzahl der bei der Entdeckung Amerikas noch vorhandenen 300 Segelschiffe langsam aber stetig zurück.

Ein neuer Aufschwung zeigte sich dann in der zweiten Hälfte des 18. Jahrhunderts, der dann seinen Höhepunkt im 19. Jahrh. erreichte. Die Handelswaren Mallorcas (besonders Öl, Textilien, Landesprodukte) bestimmten neue Zielen für die Segelschiffahrt jenseits des Atlantiks, u.a. die Antillen, das Karibische Meer, und die Philippinen via Kap der Guten Hoffnung. Besonders gern wurde La Habana angelaufen. Die Fahrten dauerten oft Monate oder sogar Jahre und wurden mit Schiffen von 100 bis 200 Tonnen gemacht.

Während dieser Zeit wurde die Insel oft durch berberische Seeräuber überfallen, die allerorts plünderten und Geiseln mitnahmen, für die sie dann ein hohes Lösegeld verlangten. Dieser zunehmenden Unsicherheit auf dem Meer begegnete ein tapfrer mallorquiner Schiffseigner Antonio Barceló, *Es Capità An-*

Santa Eulalia   San Nicolás

toni, Mitte des 17. Jahrh. durch Segelschiffe von etwa 100
Tonnen mit besonderen Segeln, die ihnen eine grosse Geschwin-
digkeit erlaubten. Mit dieser Flotte säuberte er das Mittelmeer
von den Piraten und wurde wegen seiner Verdienste zum Ge-
neralleutnant der königlichen Marine ernannt. Mit der Eroberung Algeriens durch Frankreich im Jahre 1830 war dann die
Sicherheit der Schiffahrt wieder ganz hergestellt.

Trotz der beginnenden Konkurrenz durch die ersten auftau-
chenden Dampfer erlebt die Schiffahrt Mallorcas im 19. Jahrhundert nochmal eine Glanzzeit. Der Liniendienst mit Barcelona wurde 1833 aufgenommen und Ende 1837 wurde dann
zwischen Palma und Barcelona der erste in Palma registrierte
Raddampfer El Mallorquín eingesetzt. Um diese Konkurrenz
aus dem Feld zu schlagen, wurde nochmal eine Anzahl Segelschiffe mit grösserer Tonnage in Dienst gestellt. Mitte des Jahrhunderts waren es 140, die fast alle auf mallorquiner Werften
gebaut und von einheimischen Handwerkern hergestellt worden
waren. Sowohl die Reeder als auch die Schiffsbesatzungen
stammten aus Mallorca.

Ende des 19. Jahrhunderts begann dann mit dem Verlust der
letzten spanischen Kolonien und mit der fortschreitenden Entwicklung der Dampfschiffe der endgültige Niedergang der mallorquiner Segelschiffahrt, von der sie sich nie wieder erholen

Kirche von *Santa Margarita*

sollte. Nur während des ersten Weltkriegs (1914-1918), als alle
Schiffe in Wert beträchtlich stiegen, wurden einige Segelschiffe
auf Kiel gelegt, die aber eine ganz andere Verwendung als
früher fanden. Die ehrenvolle Epoche der Segelschiffahrt, die
mallorquiner Schiffe unter spanischer Flagge über alle Welt-
meere geführt hatte, war zu Ende.

DIE MALLORQUINISCHE ARCHITEKTUR. — Es ist sehr
schwierig, eine genaue Zusammenstellung dieser Architektur zu
machen, deren künsterische Bedeutung im 14. und 15. Jahrhundert von grosser Wichtigkeit war und sich über die Insel
hinaus ausdehnte. Eine umfassende Beschreibung muss mindestens in 4 Kapitel eingeteilt werden: religiös, militär, profan
und allgemeiner Wohnungsbau.

Die religiöse Architektur hat ihren Höhepunkt in den Jahrhunderten der gotischen Kunst erreicht da sich nach der christ-
ichen Eroberung durch Jaime I im Jahr 1229 die romanische
Kunst im Untergang befand, zur selben Zeit der Unabhängigkeit
Mallorcas.

In der Barockperiode, besonders im 18 Jahrhundert, hat die
mallorquinische Kunst einen neuen Aufschwung in einzelnen
Kirchen erreicht. Die beste davon ist *San Antonio* von *Viana*

25

San Francisco. Seitenansicht   Abside

in *Palma*. Ebenfalls in vielen Altären, welche die Kirchen
bereichern.

Die militärische Architektur hat ebenfalls zur Zeit der mallorquinischen Könige ihre Baudenkmäler von grösster Bedeutung: das Schloss *Bellver* und der *Almudaina* Palast in Palma (mit dem Schloss der mallorquinischen Könige in *Perpiñán*),
die Stadtmauer von *Alcudia* zur Zeit in Restaurierung und die
Felsenschlösser. Das bedeutendste ist das von *Santueri (Felanitx)*.

Die Profanarchitektur hat ein fundamentales Werk in der
Geschichte der gotischen Kunst: Die *Lonja* (Börse) von *Palma*,
Ausdruck der grossen Seemacht der Stadt. Hauptstelle des
Weltmarkts und Umschlagplatz der atlantischen Schiffe. Der
Erbauer Guillermo Sagrera, ist das Haupt einer Architektur,
welche in Rosellón, in Neapel und Sizilien wirksam war. Es ist
der einzige Zeitpunkt in der Kunstgeschichte wo Spanien
Einfluss auf Italien hat und nicht umgekehrt.

Die mallorquinische Wohnkultur hat zweierlei Formen: Architektur der Herrenhäuser und die volkstümliche, beide gleich
interessant. Die erste hatte ihren besten Ausdruck in den Adels-
palästen ausserhalb und innerhalb der Städte, welche vom 14.-18.
Jahrhundert, also im Zeitraum zwischen Gotik und dem Ba-

Haus von *La Almoina*   Fenster der *Casa Roses* (Strasse *San Jaime*)

rockstil, gebaut wurden, als auch in Landsitzen und Villen im italienischen Stil. Sie sind ohne Gleiches auf der Insel, mit herrlichen Gärten, in welchen in eigenartiger Verbindung die arabischorientalische Art weiterlebt. Die volkstümliche, mallorquinische Architektur ist von grosser Bedeutung wegen ihrer grossen praktischen Einfachheit, wie auch durch ihre ästhetische Anpassung an die Landschaft und ihre Harmonie mit der Natur.

Sie steht im Gegensatz zur Architektur von Menorca und Ibiza, die starken orientalischen Einschlag hat (dazu tragen die Terassendecken, das Kalken der Wände bei). Sie ist von klarem griechisch-romanisch und italienischen Einfluss, oft mit Innenhof. Gedeckt mit gewölbten Dachziegeln und einem Mauerwerk mit Ziersteinen. (ANTONIO J. ALOMAR, Architekt.)

BERÜHMTE BESUCHER. — *Schriftsteller.* — Reichhaltig und vielseitig ist die Auswahl aus dem, was berühmte Schriftsteller über Mallorca geschrieben haben. Wir beziehen uns auf solche die auf dieser Insel waren und in Büchern ihre Eindrücke wiedergeben. Im 19. Jahrhundert haben wir Grasset de St.

Bischofspalast

Sauveur, welcher 1801 "Reisen auf die Balearischen Inseln" veröffentlichte. George Sand begleitet von Chopin besuchte die Insel im Jahr 1838 und veröffentlichte im nächsten Jahr das berühmte Buch "Einen Winter auf Mallorca" (*"Un hiver à Majorque"*). Das Buch gibt auf der einen Seite die Bitterkeit, die sie mitmachte, wieder und auf der anderen Seite eine grossartige Beschreibung der Landschaft. J. B. Laurens veröffentlichte im Jahre 1840 *"Souvenir d'un voyage d'art à l'Île de Majorque"*. Beschreibung eines Kunstmalers mit vielen Orginalzeichnungn vom Verfasser.

Juan Cortada der die Insel immer über Bergwege durchwanderte, verwirklicht eine vollkommene Vision der Insel aus der damaligen Zeit in seinem Tagebuch "Reise auf Mallorca im Sommer 1845" (*"Viaje a la isla en el estío de 1845"*). Ramón Fedel veröffentlicht im Jahre 1849 sein *"Manual del viajero en Palma de Mallorca"* ("Reiseführer durch *Palma de Mallorca"*). Wahrscheinlich ist es der erste Reiseführer von Mallorca mit einer kompletten Bechreibung der Stadt, ihrer Denkmäler und Festungsanlagen. Seine Eindrücke über die Stadt zu jener Zeit und das Milieu, das er beschreibt, sind sehr aufschlussreich. Pagenstecher veröffentlicht im Jahr 1867 *"La isla de Mallorca. Reseña de un viaje"* ("Insel Mallorca Reisebericht"). Er be-

Treppe der *Casa Oleo* (Strasse *La Almudaina*)

schreibt die Insel genau, wie er sie sieht. Er landet in *Alcudia*
und kommt mit Hilfe eines Pferdewagens bei Abenddämme-
rung in *Palma an.* Es kostet ihn viel Mühe einen Platz für die
Übernachtung zu finden. Er reitet zu Pferd über die ganze
Insel und beschreibt sie manchmal als Reisender und auch
als Naturalist.

Gegen Ende des 19. Jahrhunderts im Jahr 1893 veröffentlicht
Gason de Vuillier ein prachtvolles Werk, schmuckvoll verlegt
von Hachette: *Les Îles Baléares.* Er gibt eine Beschreibung mit
bedeutenden Verbesserungen der Verbindungen der Übergangszeit. Er benützt noch die Postkutschen und die schon damals moderne Eisenbahn. Er lobt den Gasthof *Miramar (Ca
Madó Pilla).* Um aber das 19. Jahrhundert zu vervollständigen,
müssen wir besonders seine königliche Hoheit Erzherzog Luis
Salvador von Österreich erwähnen. Er war von Mallorca be-
zaubert, seine Begeisterung veranlasste ihn Ende des 19.
Jahrhunderts eine umfangreiche Bücherreihe mit reicher
Ausstattung zu veröffentlichen und zu verlegen. Kein Winkel blieb ohne seinen Besucher studierte alle Einzelheiten. Diese
kostspieligen Ausgaben mit herrlichen Bildern schenkte er nachher den Bibliotheken von Europa. Was das jetzige Jahrhundert
betrifft, verdient *"La Isla de la calma"* ("Die Insel der Ruhe")
besondere Erwähnung. Ein Buch des Milieus und auf katala-

La Lonja. Aussen- und Innenansicht

nisch geschrieben. Niemand konnte ahnen, dass ein Buch, in
dem er seine persönlichen Eindrücke zur Zeit der ersten Jahre
dieses Jahrhunderts meisterhaft wiedergibt, sich in wenigen
Jahren in ein historisches Buch verwandeln würde. Die Entwicklung der Insel war so stark, dass heute derselbe Santiago
Rusiñol, Autor des Buches, sie nicht wieder erkennen würde.
Unamuno, Salaverria, Sanchis Sivera, Azorín, Rubén Darío...
veröffentlichten hervorragende Artikel, welche nachher, gesam-
melt in Buchform, die Spuren einer unvergesslichen Erinnerung von ihrem Besuch auf der Insel wiedergeben. 1912 veröffentlicht Jules Leclercq *"Voyage à l'Ille de Majorque"* und Ma-
rie de Behen ihr *"Diario"* ("Tagebuch der Reise"), lebhaft und
orginell im Text sowie mit den von ihr selbst gemachten Orgi-
nalfotografien. 1925 veröffentlicht mistress Chamberlins "Guide
to Majorca". Dieses Buch hat sehr zur Propaganda für Mallorca
in England beigetragen. 1928 veröffentlichte Mr. Myne ein Buch
von grossem Format mit zahlreichen Bildern, Zeichnungen
und Plänen. "Majorcan Houses and Gardens" ("Häuser und
Gärten auf Mallorca"), in dem er meisterhaft die Architektur
der mallorquinischen Herrenhäuser in der Stadt und auf dem
Land darlegt.

Palma. Die Kathedrale →

La Lonja →

Die Kathedrale →

Besonders interessant ist im Jahr 1932 das Buch von Francis de Miomandre Majorque und das von Fayol im selben Jahr *Baléares, Îles heureuses* (Balearen, glückliche Inseln). Pierre Lavelan veröffentlicht 1933 *"Palma de Majorque et les Îles Baléares"*, eine wunderschöne Beschreibung von den Kunstschätzen, die in der Stadt und auf der Insel aufbewahrt werden. Die Auswahl der Bilder und des Textes sind gleich wertvoll. Die grosse Auswahl von Büchern und Schriften, von denen wir nur einen Teil der Wichtigsten genannt haben. zeigt die Bedeutung, welche die Insel immer gehabt hat. Alle haben eine historische Mission erfüllt, indem sie die Insel bekannt machten. Und diese Mission kann Mallorca niemals so danken, wie sie alle es verdienen.

Künstler. — Seit langer Zeit ist Mallorca das Paradies der Maler. Angezogen von den Farbtönen und dem Licht kommen sie zur Insel. Sie haben dazu beigetragen, dass sie bekannt wurde. Die Insel ihrerseits gab ihnen eine einmalige Landschaft so verschiedenartig wie die hohen Berge, Ebene, Buchten und Pinien, wunderbare Pflanzenwelt der Olivenbäume, Mandelblüten, typische Szenen u.s.w. Beide haben sich gefunden und machten die Runde durch die Ausstellungen Europas. Unter den grossen Meistern, welche nach Mallorca kamen um zu malen, erwähnen wir Mir, Santiago Rusiñol, Anglada Camarasa, Bernaregi, Citadini und viele andere mit kürzerem Aufenthalt auf der Insel.

ACKERBAU UND VIEHZUCHT. — Den grössten Reichtum Mallorcas bildet der Ackerbau. Grund und Boden ist sehr verteilt. Es bestehen keine Latifundien. Die Bauern bestellen meist ihre eigene Scholle. Brunnes sagte über sie: "Kinder verrichten Feldarbeit wie Männer und die Männer wie Riesen".

Die Bäume sind so zahlreich, dass die Königin Alexandra von England anlässlich eines Besuches auf Mallorca sagte: "Man kann die Insel von einem Baum zum anderen durchstreifen". Das wertvollste Landesprodukt sind die Mandeln. Eine Durchschnittsernte ergibt ca. 70.000.000 kg jährlich. Von Bedeutung sind ferner die Johannisbrot, Feigen, getrocknete Aprikosen, Kartoffeln, Gemüse usw. Bei der Viehzucht wäre besonders die Schweine-, Geflügel und Kaninchenzucht zu erwähnen. Gut bekannt sind ferner die Weine von *Binisalem* und *Felanitx*, sowie das Olivenöl von *Sóller* und *Buñola*. Exportiert werden hauptsächlich: Mandeln, Johnnisbrot, getrocknete Aprikosen und Feigen und während des Monats Mai Frühkartoffeln von *La Puebla* nach England.

← Kathedrale. Abside

← Kathedrale. Silberleuchter

Fenster der *Lonja*

INDUSTRIE. — Wenn auch keine grossen Industriezentren bestehen, so sind doch die Schuhfabriken *(Palma, Lluchmayor, Inca, Binisalem, Lloseta)*, die Fabriken zur Herstellung künstlicher Perlen *(Manacor, Felanitx, Sóller)* erwähnenswert. Berühmt sind auch mallorquiner Handstickereien und Möbel.

HANDEL — Die Insel besitzt den grossen und neu angelegten Hafen von *Palma*, der in Bezug auf den Fremdenverkehr einer der bedeutendsten des Mittelmeeres ist und den die grössten Ozeandampfer der Welt ohne Gefahr anlaufen können. Zu Freundschaftsbesuchen legen auch oft im Hafen für mehrere Tage Kriegsschiffe englischer, französischer, italienischer, amerikanischer, holländischer und portugiesischer Flotteeinheiten an. Auch fast alle Kreuzfahrten im Mittelmeer berühren *Palma*. Ferner besteht regulärer Linienverkehr mit den grössten Häfen Europa, Afrikas und Amerikas. Insgesamt laufen etwa 150 Überseeschiffe mit über 80.000 Passagieren pro Jahr den Hafen von *Palma* an.

Häfen mit geringerer Bedeutung auf der Insel sind: *Andraitx, Sóller, Pollensa, Cala Ratjada, Porto Cristo* und *Porto Colom*. Besondere Erwähnung verdient noch *Alcudia* wegen

Fenster des Klosters *La Concepción* (XV Jhrh.) →

Ansichten des Palastes *La Almudaina*

seines grossen Elektrizitätswerkes, welches die ganze Insel versorgt. Im dortigen Hafen können auch grössere Schiffe anlegen.

Der in 9 km Entfernung von *Palma* gelegene internationale Flughafen von *Son Sanjuán* hat Landebahnen von 4 km Länge und hat Direktverbindung mit allen grösseren Flughäfen Europas und Nordafrikas.

Verkehrsziffern des Jahres 1973.

Zur See:	Schiffe	Tonnenverdr	Passagiere
(Ankunft)	5.492	14.330.071	438.769
(Abfahrt)	5.422	14.330.071	424.160
TOTAL	10.984	28.754.142	862.829

Kreuzfahrten:		
	252	90.200 (Transit)

Vergnügungsfahrten in der Bucht:	
	59.200

Flughafen Son Sanjuan (international)

Flugzeuge Ankunft	40.614	3.549.674
Flugzeuge Abflug	40.602	3.547.042
TOTAL	81.216	7.096.716

ZUSAMMENFASSUNG: Während des Jahres 1973 belief sich die Verkehrsziffer an beiden Häfen von Palma (Ankunft/Abfahrt) auf 7.958.545 Passagieren.

VOLKSTUM — Die alten Trachten, die man noch Anfang dieses Jahrhunderts in allen Dörfen sehen konnte, sind heute völlig aus dem Strassenbild verschwunden. Mallorquiner Folklore ist jedoch durch den Fremdenverkehr zu neuer Blüte gelangt und wird gegenwärtig durch Berufstanzgruppen in öffentlichen Vorstellungen vorgeführt. Unter diesen Gruppen wären die von *Valldemosa, Sóller* und *Selva* zu erwähnen, von denen einige an internationalen Wettkämpfen teilgenommen und auch gewonnen haben.

GASTRONOMIE. — Die mallorquiner Küche weist gewisse Züge auf, die ihr eine besondere Eigenart verleihen. Unter den verschiedenen Spezialitäten verdienen Erwähnung; *escaldums* = besonders zubereitetes Hähnchen, *caldera* = Fischsuppe, *sobrasada* = Wurst mit rotem Pfeffer, beim Backwerk: *panades, coquerrois, doblegats, robiols, cuartos, coxins* u.s.w. Ferner die *ensaimada*, die ja auch international bekannt geworden ist.

MALLORCA ALS REISEZIEL. — Mallorca ist heute ein allgemein bekanntes Reiseziel. Dorthin wenden sich unzählige Touristen aller Nationalitäten, manche nur, um auf der Insel wenige Tage zu verbringen. Alle wollen jedenfalls die Schönheit der Landschaft und ihre typische Note bewundern. Wieder andere schätzen besonders die Annehmlichkeiten und Bequemlichkeiten der Hauptstadt, die nicht nur einen einmaligen Anblick bietet sondern auch alles das besitzt, was man von einer mustergültigen Organisation des Fremdenverkehrs verlangen kann. Und jedesmal sind es die Fremden, die hier gewesen sind, welche die beste Propaganda machen. So kommt es auch, dass die Anzahl der Besucher im Jahre mehr als 1.000.000 beträgt.

KLIMATISCHE UND NATÜRLICHE BEDINGUNGEN. — Niemals würde Mallorca die heutige Bedeutung für den Fremdenverkehr erlangt haben, wenn es nicht über ein ausgezeichnetes und wirkliches Mittelmeerklima verfügen würde, welches von E. de Martionne als gemässigtes Klima ohne kalte Jahreszeit bzw. subtropisches Klima bezeichnet wurde. Dieses Klima zeichnet sich durch wenig Nebel und grosse Lichtfülle aus. Der bedeutende französische Geograph J. Brunnes, der die Insel besuchte, sagte: "Das ganze Mittelmeergebiet unterscheidet sich durch seinen wolkenlosen Himmel und durch die Herbheit seines Gebirgsbildes von Mittel—, West-und Nordeuropa. Die Zusammenhänge zwischen dem Klima und den Ausdrucksformen der Vegetation, des menschlichen und tierischen Lebens im Mittelmeerraume sind ja nur zu bekannt, da es mit solcher Kraft zur Entwicklung der grossen Lebensenergien beigetragen hat. Hier findet man immergrüne Sträucher, Gebüsche und andere Pflanzen welche die Trockenheit des Bodens ertragen können".

Ohne grosse Schwankungen beträgt die mittlere Temperatur im Sommer 25° C. und im Winter 10° C. Jahresdurchschnitt liegt bei 17,7° C. Die relative Luftfeuchtigkeit beträgt 68,8 %, was einem gemässigt, trockenen Klima entspricht. Bei den meistvorherrschenden, warmen Südwinden kommt es nur an vereinzelten Tagen zu Winden aus Nord und Nordost. Diese werden jedoch durch die ausgedehnte Gebirgskette an der Nordküste mit ihren zwischen 1.000 und 1.500 m hohen Bergen abgehalten, so dass die Insel meist vor der trockenen Kaltluft geschützt ist.

Die wechselnden Höhenlagen und die verschiedene Orientierung der Bergketten bewirken auf der Insel die Bildung einer Reihe von örtlichen, klimatischen Unterschieden Neben dem Seeklima finden sich in den Bergen Orte in über 400 m Höhe über dem Meeresspiegel, wie *Valldemosa* oder *Lluch*, die mit ihrem Bergklima für entsprechende Kuren geeignet sind.

← Strasse *La Portella*

Eingangstor und Innenansicht des Bischoeflichen Museums

FERIEN AUF MALLORCA. — Die Insel gilt heute als von ganz Europa bevorzugter Ferienort, um einen ruhigen Urlaub zu verbringen. Durch die erstklassigen Flugverbindungen ist sie von überallher leicht zu erreichen. Die fortschrittliche Entwicklung der einheimischen Hotellerie gilt als weiterer Trumpf. Es stehen heute 160.000 Betten in Häusern aller Kategorien zur Verfügung. Was jedoch hauptsächlich ins Gewicht fällt, ist das günstige Klima. Alle diese Faktoren tragen dazu bei, dass es den Reiseagenturen möglich ist, günstige Charterflüge und vorteilhafte Ausflüge zu organisieren. Der Flughafen von *Son Sanjuán* gilt im internationalen Flugverkehr als einer der meist frequentierten Flughäfen überhaupt. Pro Saison zählt man mehr als eine Million Urlauber auf Mallorca, die gerne die am Strand gelegenen, international bekannten Hotels aufsuchen und von dort aus Ausflüge nach den verschiedensten Punkten der Insel unternehmen. Wem der Sinn nach mehr steht, bucht bei einer einheimischen Reiseagentur eine Ausflug nach Nordafrika oder einer anderen europäischen Hauptstadt.

II. Kapitel

DIE STADT PALMA UND IHRE UMGEBUNG

I.—GESCHICHTE DER STADT

Die ersten Nachrichten über die Gründung der Stadt gehen auf die Eroberung der Insel durch die Römer zurück. Sie gründeten die Kolonie *Palmaria* und *Pollentia* (heute *Palma* und *Alcudia*). Vandalen und Goten zerstörten diese Siedlungen bis zur Eroberung der Insel durch die Sarazenen im 8. Jahrhundert, wo die wirkliche Geschichte der Stadt begann, die damals *Medina Mayurca* benannt wurde und sich am selben Ort befand, wo sie sich heute befindet.

Während vier Jahrhunderten war sie die arabische Hauptstadt. Im 12. Jahrhundert war sie durch vier Stadtmauern eingefriedet, zu denen die entsprechenden Türme und Gräben zählten. Der Bogen *La Almudaina* ist der einzige, aus jener Zeit übriggebliebene Zeuge der Befestigungen. Er war eines der Stadttore. Der schlossartige Palast *La Almudaina* war die Residenz des Wali.

Die Eroberung der Stadt durch die christlichen Katalanen veränderten Art und Weise des bisherigen Lebens und seiner Formen. Der arabische Stil wurde durch den gotischen ersetzt. König Jaime I, der Eroberer, gab der Stadt eine Konstitution und gründete einen allgemeinen Grossen Rat zur Verwaltung, der bis zum Erbfolgekrieg dauerte und bei Beginn der Bourbonen-Herrschaft 1714 endete. Damals wurde zur Verwaltung, der sogenannte Rat gegründet, der aus sechs durch das Los gewählten Mitgliedern bestand. Jedes Mitglied war Vertreter eines Standes oder einer sozialen Klasse. Der König übte gesetzgebende und richterliche Gewalt aus, indem er den Gouver-

Kirche der *Santa Catalina de Sena*

Kirche *Montesion*

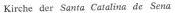

neuren die Befugnisse übertrug. Im Jahr 1325 wurde das *Consulado del Mar* gegründet, eine Gerichtsbarkeit, die über die maritimen Angelegenheiten zu entscheiden hatte.

Während dem 15. Jahrhundert war die Stadt vielerlei Unbill ausgesetzt. Der Wildbach *La Riera* floss durch die Stadt und teilte sie, geographisch gesprochen, buchstäblich in zwei Teile, in den höher gelegenen, *La Almudaina* genannten, und in einen tiefer gelegenen Teil, genannt *Villa* Das damalige Flussbett mit seinen Wildwassern stellte für die Bewohner der Stadt eine ernsthafte Gefahr dar. Heute befindet sich an seiner Stelle eine breite, anderthalb km lange Avenue, die sich vom Institut über die *Rambla* und die sogenannte *Borne* bis zum *Paseo de Sagrera* erstreckt, wo damals die Wasser mündeten. König Jaime II gab schon im Jahr 1303 erstmals die Anordnung, den Lauf des Wassers zu verlegen Diese Anordnung wurde jedoch erst im Jahr 1623 ausgeführt, indem der Wasserlauf entlang der Stadtmauer geleitet wurde, wo er auch heute noch ist. Von den mancherlei Katastrophen, die durch die Wasser der *Riera* verursacht wurden, verdient jene des Oktobers 1403 Erwähnung, bei der der untere Teil der Stadt überschwemmt wurde und die über 5.000 Opfer forderte.

Eingang zur *La Portella*   Strasse Montenegro

Im Jahr 1451 entbrannte ein heftiger Streit zwischen den Bürgern der Stadt, welche in der Folge von Plünderungen und Verbrechen aller Art heimgesucht wurde, bis dass durch von Neapel herkommende Streitkräfte die Ordnung wiederhergestellt wurde. Im gleichen Jahrhundert gab es grosse Rivalität zwischen den Familien der Aristokratie von Mallorca, die oft wegen geringen Ursachen zu heftigen Streitigkeiten führten. Einer der bekanntesten Zwiste ist derjenige vom 2. November 1490 zwischen den Familien Armadams und Espanyols, welcher höchst respektlos während des Gottesdienstes in der Kirche *San Francisco* ausgetragen wurde. Mehr als 300 Personen wurden in den blutigen Zwist verwickelt und es gab auf beiden Seiten Tote und Verwundete.

Am Ende desselben Jahrhunderts wurde das Institut *Estudio General* als Studienzentrum gegründet, dem fortan in der kulturellen Entwicklung der Stadt ein wichtiger Platz zukam.

Nachdem die Insel zum Königreich Aragon gehörte, blieb *Palma* Hauptstadt und Sitz der Zivil- und Militärregierung, Die Gouverneure unterstanden direkt dem König. Auch blieb der Grosse Rat unter Wahrung der Konstitution und autonomen Verwaltung in Kraft. Das Schloss, der *Almudaina-Palast*, war Sitz des *Virrey*, des Vertreters der Macht.

← Strasse und Kloster *La Concepción*

Ansichten des Stadtteils *La Portella*

Palast *Marqués de Casa La Torre*

Im 16. Jahrhundert, nachdem bereits die spanische Einheit bestand, breitete sich über die ganze Insel die Bewegung Germania aus und verbreitete Schrecken und Greuel über die Stadt. Die Barbaren bemächtigten sich der Universität (dem heutigen Rathaus). Die Ankunft der königlichen Truppen setzten dieser Schreckensherrschaft ein Ende und die Führer der Bewegung, Francisco und Juanot Colom, wurden zum Tode verurteilt und exekutiert.

Im 16. und 17. Jahrhundert formte sich, zusammen mit den vom Land nach der Stadt zuziehenden Familien, die Aristokratie von Mallorca. Dies spiegelt sich wieder in den vielen herrschaftlichen Palästen samt ihren grandiosen Portalen und verzierten Fenstern, mit ihren Altanen samt verzierten Dachrinnen, die später mit einem Dach oder Vordach versehen wurden. Unzählige dieser meist in den engen Gassen der Altstadt gelegenen Familienpaläste legen heute noch beredtes Zeugnis jener lange vergangenen Zeiten ab. Damals hatte *La Lonja* bereits ihre grosse Bedeutung, indem sie nach aussen hin Zeugnis ablegte von der Wichtigkeit der Stadt, ihrem Reichtum und ihrer Präsenz im Handelsleben der betreffenden Epoche des Mittelalters.

Consulado de Mar

Während des XVII Jahrhunderts hatte die Stadt viel Ungemach zu erdauern. Durch eine grosse Dürre entstand eine Hungersnot, und 1652 stiftete eine Pestepidemie viel Unheil. Auf Gefehl Philipp II wurde mit der Errichtung der Stadtmauern begonnen. Die dadurch entstehenden Kosten hatten Universität und Krongüter zu tragen. Die Arbeit ging nur langsam und unter grossen finanziellen Schwierigkeiten vorwärts.

Während dem XVIII erfuhr die Stadt durch die Auswirkungen der Erbfolgekrieges zwischen Oesterreich und den Bourbonen tiefgreifende politische Veränderungen. Bis jetzt hatte sich die Stadt ihre Vorrechte, Freiheiten und Zollfreiheiten bewahrt, aber nun schlug sie sich auf die Seite der Oesterreicher. Nach der am 11. September 1714 erfolgten Einnahme von Barcelona besetzten die Truppen Philipp V die Insel und belagerten die Stadt Palma, die sich ergab. Der neue König schaffte sämtliche, seit Jahrhunderten bestehende Autonomien ab, und hob den Allgemeinen Grossen Rat so wie die Gerichte auf, was bedeutete, dass alle jene Vorrechte, die seit den Zeiten von Jaime I, dem "Eroberer" herrschten, ihrer Gültigkeit beraubt waren. Der König gründete die Stadtverwaltung von

Palma. Blumenmarkt in *La Rambla* →

Palma. Paseo General Franco (alter *Borne*) →

Tor der alten Stadtmauer

Kapelle des *Consulado*

Palma mit in ihren Befugnissen beschränkten Ratsherren. Es war ihnen nicht gestattet, die Toga zu tragen und anstatt wie bisher auf Grund der verschiedenen sozialen Herkommen ernannt zu werden, wurden sie vom König ausgewählt.

Während des XIX Jahrhunderts war das Leben der Stadt demselben politischen Hin und Her unterworfen wie das Festland. Zu Beginn des Jahrhunderts wurden die Gerichte der Inquisition endgültig aufgehoben. Im Jahr 1837 wurden Kloster und Kirche von *Santo Domingo* und wunderbare gothische Denkmäler zerstört. Die Stadt wurde von drei Epidemien heimgesucht, unter anderem 1870 von jener des gelben Fiebers. Zu Anfang des Jahrhunderts wurden die Stadtmauern beendet, jedoch schon 1878 wurde jener Teil wieder abgerissen wo sich der *Paseo de Sagrera* befindet.

Im selben Jahrhundert wurde mit der weiteren Umgestaltung des Stadtinnern begonnen. Nach Umleitung des Flusses *La Riera* entstand ein grosser Platz, auf welchem sich die grossen Festlichkeiten der damaligen Zeit abspielten; Wettspiele, Militärparaden, usw. Er war auch Schauplatz für den Wagenkorso jener Epoche. Auf Anregung des Capitán General

← Palma. Sicht auf die Stadt vom *Paseo Marítimo* aus

← Palma. *Vía Roma* (alte *Rambla*)

errichtete die Stadtverwaltung den *Paseo del Borne* mit seinen Steinbänken, Bäumen, Blumen und den beide Enden säumenden Steinbildnissen *Ses Lleones*. Im Jahr 1833 wurde der Brunnen *Las Tortugas* errichtet, der noch heute in allerdings veränderter Form existiert, und nach dem heute im Volksmund der Platz Pio XII benannt wird. Die Strasse wurde durch vier grosse Oellampen beleuchtet, die 1859 nach Eröffnung der ersten Gasfabrik durch diese neue Beleuchtung ersetzt wurden. Fast gleichzeitig erstand die Promenade *La Rambla,* über dem verschwundenen Flussbett errichtet, mit dem sich am Nordende befindlichen, heute in reduzierten Form noch existierenden Springbrunnen. Im Jahr 1852 wurde mit der Eröffnung der *Calle Colón* die Umgestaltung des oberen Teiles der Stadt eingeleitet, und es wurde mit den Arbeiten an der *Plaza Mayor* begonnen. Im Jahr 1875 wurde die erste Eisenbahnlinie *Palma-Inca* eröffnet.

Im Verlauf des XX. Jahrhunderts war der Stadt eine glänzenden Entwicklung beschert, die sich niemand vorgestellt hatte. Die Ausdehnung und Erweiterung der Stadt begann schon 1902 mit dem Bau des ersten Elektrizitätswerkes. Es wurde das "Gran Hotel" eröffnete, was den Grundstein zur folgenden phantastisch zu nennenden Entwicklung der Hotellerie bildete. 1911 wurden die das Trajekt in acht Stunden zurücklegenden Dampfschiffe *Palma-Barçelona* eingesetzt. 1916 wurden elektrische Strassenbahnlinien eröffnet, welche Stadt und Vororte verbanden. Im selben Jahr unternahm Hedilla erstmals den Flug Barcelona-Palma. 1931 wurde das Gelände *Santa Catalina (Sa Faxina)* erworben, wo sich heute der Platz *Crucero Baleares* und die Schule Jaime I befinden. Auf Grund eines Sondergesetzes wurde das historische *Bellver*-Schloss der Stadt überlassen. Im Verlauf des Jahrzehntes zwischen 1950 und 1960 ergaben sich weitere Umgestaltungen der Promenaden der Avenue Jaime III, den Gärten *S'Hort del Rei,* sowie die Restauration des Arabischen Tores in der alten Stadtmauer, und Errichtung eines neuen Marktes. Besonders wichtig zu nennen sind die Umgestaltungen am *Paseo Marítimo,* dem grossen Hafen für den internationalen Schiffsverkehr, und den Flughafen, der einer der meist frequentierten Flughafen Europas ist. Während dieses Jahrhunderts hat sich die Bevölkerung vervierfacht. Dank dem ständigen, enorm grossen Zustrom von Touristen rangiert Palma unter den wichtigsten Städten des Mittelmeerraums. (J. LLABRES BERNAL.)

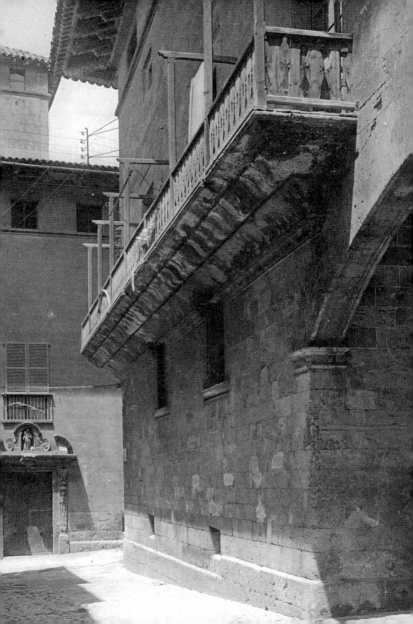

Innenhof *La Concepción*

II.—PALMA ALS DENKMALSTADT

Der arabische Bogen der *Almudaina* (7) und die arabischen Bäder (8) sind die einzigen Überreste, welche von der ursprünglichen Araberstadt von vor 1229, dem Datum der Eroberung der Stadt durch die Christen, die unter dem Befehl von König Jaime I, dem Eroberer, standen, übrig geblieben sind.

Der *Almudaina*-Bogen liegt in der gleichnamigen Strasse und war eines der Stadttore in der Nähe des Königpalastes.

Die arabischen Bäder sind heute Privatbesitz und befinden sich im Erdgeschoss des Hauses *Serra*-Strasse Nr. 13 im Stadtviertel *La Portella* (8) neben einem schönen Garten. Das Gewölbe wird von 12 Säulen getragen, die unter sich durch Hufeisenbögen verbunden sind. Der kleine, viereckige und von einer Kuppel bedeckte Saal befindet sich in gut erhaltenem Zustand.

Auch der Torbogen im *S'Hort del Rei* ist arabisch. Er gehört zur Mauer des schlossähnlichen Palastes *La Almudaina*, der in jüngster Zeit restauriert wurde. Die Ueberlieferung will wissen, dass durch diesen Torbogen die Schiffe passierten, um den Wali abzuholen, der während vielen Jahrhunderten die Insel vom Palast aus regierte.

← Palast des Besitzes des *Conde de Formiguera*

INNENHOF DER *CASA MARQUES DE VIVOT*

Eingang zum Justizpalast   Portal Strasse *La Portella*

GOTISCHE BAUDENKMÄLER (13. u. 14. Jahrhundert). —
Erwähnenswert ist die Kathedrale, die Börse *(La Lonja) San
Francisco, Almudaina* Palast, Krypta von *San Lorenzo*, die
Kirchen *Santa Eulalia, Santa Cruz, San Jaime* und *Santa Mar-
garita*, die Portale von *San Miguel* u. *San Nicolás*, Treppe von
Casa Oleo, Fassade und Refektorium der Klausur des Klosters
La Concepción, Fenster und Simse des Hauses *Weyler* u. *Mon-
tenegro* u. Strasse *Alfarería*. In der Umgebung die alten Vertei-
digungstürme des Schlosses *Bellver* u. der Turm von *Pelaires*.
Alle diese sind mit der mallorquinischen Geschichte sehr verbunden. An entsprechender Stelle finden Sie nähere Ausführungen.

Zur selben Epoche wie diese architektonischen Kostbarkei-
ten gehört die religiöse Malerei, deren bedeutendste Gemälde
sich im Museum der Kathedrale und im bischöflichen Museum
befinden, wie z.B. die Altarbilder *Sant Jordi de Pere Nisart*.
Ferner sind zu nennen die Altarbilder der Kirchen *Montesión,
Santa Eulalia*, sowie die aus *Biniforani* (heute im Besitz der
Familie March) und *Castellitx (Algaida)* stammenden. An Bild-
hauerwerken verdienen in *Palma* Erwähnung vor allem das
Grabdenkmal des Ramón Llull in der Kirche *San Francisco*,

55

rner die Grabdenkmäler der Bischöfe Ramón de Torrella, de
galiana und der Jungfrau de la Grada in der Kathedrale. Weitere Grabdenkmäler: In der Kirche des Hospital von *La Neu* u.
del Carmen, in *San Miguel*, *Virgen de La Salud*, in *San Jaime*,
Cristo del Santo Sepulcro. Weitere erwähnenswerte Kunstdenk-
mäler: *Vírgenes de Lluch* und *San Salvador* von *Artá*. Das
Prozessionskreuz von *Porreras*. In *Felanitx* das Altarbild aus
Alabaster des *San Salvador*.

DIE KATHEDRALE (1). — Im September des Jahres 1229,
als die Streitkräfte unter dem Oberbefehl des Königs Jaime I
unterwegs nach *Mallorca* waren wurden sie von einem gewaltigen Sturm überrascht. Der König gelobte in dieser Lage den
Bau einer Kirche zu Ehren der Jungfrau Maria, falls das
Unternehmen gut ausginge. Zur Erfüllung dieses Gelübdes
stellte er ein Grundstück mit sieben Häusern zur Verfügung,
und zwar handelte es sich um einen Teil der insgesamt 21
Häuser die ihm im *La Almudaina*-Bezirk zugefallen waren. Die
Arbeiten an dem Bauwerk begannen unmittelbar nach der
Eroberung im Jahre 1230. Der Hochaltar wurde am 1. Oktober
1346 geweiht, doch erst im Jahre 1601 war das Gotteshaus in
seiner Gesamtheit fertig.

Es ist ein Denkmal in gotischem Stil von ausserordentlichen
Ausmassen. Bei einer Länge von 121 m und einer Breite von
55 m nimmt die Kathedrale ein Gelände von mehr als 7.000 qm
ein. Ihr Grundriss hat romanischen Stil mit einer Apsis für
jedes der drei Schiffe. Die Hauptapsis hat 75 m Länge und
19 m. Breite und bildet in ihrer niedriger werdenden Verlän-
gerung die Königliche Kapelle. Bei gleicher Länge besitzen die
Seitenschiffe nur eine Breite von 10 m. Das Mittelschiff hat
eine Höhe von 44 m, die Seitenschiffe 29 m und die Säulen
30 m. Die Steindecke von etwa 4.000 m² wird somit in grosser
Höhe von 14 achteckigen Säulen getragen, von denen jede
einen Durchmesser von unter 2 m. hat.

Im Jahre 1903 wurde unter der Leitung des Architekten
Gaudi ein Umbau durchgeführt, bei welchem der Chor aus der
Mitte des Tempels in die Königliche Kapelle hinter dem Hoch-
altar verlegt wurde, was auch mehr den Erfordernissen der
Liturgie entsprach. Um den richtigen Eindruck von der Gross-
artigkeit des Bauwerks zu bekommen, muss man, mit dem
Rücken zum Hauptportal stehend, den Blick in die Höhe und
zum Hauptaltar schweifen lassen.

Die Einfachheit ist das Charakteristische dieser Kirche.
Obwohl der Reichtum an Ornamenten nicht der Grösse des
Bauwerks entspricht, so gibt es doch viele Einzelheiten, die
eine eingehende Besichtigung wert sind: Das Grabmal, das

PLAN VON PALMA

1. Kathedrale.
2. Palast *La Almudaina.*
3. *Lonja* (Museum ehem, Handelsbörse).
4. *Consulado del Mar* (Seekonsulat).
5. Bischofspalast.
6. *San Pedro* und *San Bernardo.*
7. Arabischer Torbogen *La Almudaina.*
8. Arabische Bäder.
9. *Círculo Mallorquín* (Vereinshaus).
10. Rathaus.
11. Provinzialverwaltung.
12. Kirche *San Francisco.*
13. Kirche *Santa Eulalia.*
14. Kirche *San Miguel.*
15. Kirche *San Nicolás.*
16. Kirche *San Jaime.*
17. Kirche *Santa Cruz.*
18. Kirche *Montesión.*
19. Kirche *Socorro.*
20. Kirche *San Antonio.*
21. Kloster *Santa Clara.*
22. Kloster *Concepción.*
23. Kloster *Santa Magdalena.*
24. Markthalle *Olivar.*
25. Allg. Krankenhaus.
26. Asyl Misericordia.
27. Palast *Marqués del Palmer.*
28. Palast *Oleo.*
29. Palast *Truyols.*
30. Palast *Oleza.*
31. Palast *Marqués de Vivot.*
32. Palast *Verí.*
33. Palast *Puigdorfila.*
34. Palast *Marqués de Solleric.*
35. Palast *Marcel.*
36. Palast *March.*
37. Palast *Berga.*
38. *Fomento del Turismo-* (Verkehrsverein).
39. Post-und Telegrafenamt.
40. Zivilgouverneur und Polizei.
41. Telefonamt.
42. *Compañia Transmediterránea* (Reederei).
43. *Club Náutico* (Jachtklub).
44. Uferpromenade.
45. *Instituto* (Höhere Schule).
46. Bahnhof der Staatsbahn.
47. Bahnhof nach *Sóller.*
48. Zollamt.

INNENHOF DER *CASA OLEZA*

Kloster des *San Antonio* (Strasse San Miguel)

auf der seeorientierten Südseite der Kathedrale liegt. Das sehenswerte *Mirador*-Portal, ein herrliches Beispiel gotischer Baukunst mit wertvollen Skulpturen und im Giebelfeld mit einem Heiligen Abendmahl, welches der Mallorquiner Architekt *Sagrera* geschaffen hat. Die andere Seite zeigt nach der Stadt. Dort liegt das bekannte *La Almoina*-Portal, überragt durch den Glockenturm, der, obwohl als erstes begonnen, heute noch nicht fertig ist. Von ihm aus hat man einen herrlichen Ausblick auf die Stadt und über den Hafen. Unter den insgesamt 9 Glocken befindet sich die bekannte *N'Eloi* von 2 m Durchmesser und 5.700 Kg Gewicht.

Dann die beiden Kanzeln, im besonderen jene des Evangeliums mit wertvollen Reliefs. Das Letzterwähnte, so wie das Portal zum alten Chor sind gute Beispiele der Rennaissance. Erwähnung verdient ebenfalls der Kapitelsaal mit seiner Barocktüre und der kleinen, aus dem 18. Jahrhundert stammenden Kreuzgang. Am Ende des Chores, eine zusätzliche Apsis bildend, befinden sich entlang den Seitenwänden der Kapelle der Hl. Dreieinigkeit die Mausoleen der beiden Könige, Jaime II und Jaime III, 1948 eingeweihte Werke des Bildhauers Marés.

Kirche der *Santa Catalina de Sena*

Gaerten des *S'Hort del Rei*

Vorderansicht der *Casa Morell*

Innenhof der *Casa Morell*

Innenansichten des Palastes Morell

Die **Kathedrale** enthält ebenfalls sehr bemerkenswerte Gemälde: einen *San Sebastián*, ein Triptychon der Heiligen *Eulalia* und einen grossen, gotischen Altaraufsatz, einen Rennaissancealtar, verschiedene Reliquien, Juwelen und kostbare Gegenstände zum zelebrieren der Messe, unter denen sich unersetzliche Werte finden. Unter anderem eine Christusfigur aus Elfenbein. Den Stuhl, den Karl V benützte, als er Mallorca besuchte. Zwei wundervolle, getriebene, siebenarmige Silberleuchter. Eine unübertreffliche Kollektion wertvollster Tapisserien. Alle diese Dinge befinden sich in der Sakristei des Kapitelsaals. Es ist ein kleines Museum, das der Initiative des Bischofs Mirilles zu verdanken· ist. Der Besucher findet es jeden Tag geöffnet.

LA LONJA (3) UND DAS CONSULADO DE MAR (4). — Diese nebeneinander liegenden Gebäude befinden sich auf der Seeseite, am *Paseo Sagrera*. Der Zugang erfolgte früher durch den kleinen zwischen den beiden Gebäuden liegenden Garten, der auf der Seeseite durch das heute renovierte Tor des alten Stadtwalles aus dem 17. Jahrhundert abgeschlossen wurde.

Nach der Eroberung durch König Jaime I, stellte dieser schon Gelände für den Bau der *Lonja* zur Verfügung. Doch wurden die Arbeiten erst Mitte des 15. Jahrhunderts unter Leitung des hervorragenden mallorquiner Architekten *Guillermo Sagrera* aufgenommen. Bei der Betrachtung kommt einem der Reichtum und die Bedeutung des Handelsverkehrs der Insel im Mittelalter zum Bewusstsein. Es ist ein Bauwerk in gotischem Stil von 40 m. Länge und 28 m. Breite, welches einzig in seiner Art ist. Von den insgesamt 4 achteckigen Ecktürmen sind 2 zugängig und man hat von dort einen herrlichen Rundblick über Stadt und Hafen. Der Haupteingang ist berühmt durch seine Bildhauerarbeit mit einem grossen Fenster auf jeder Seite. Der Eingang auf der Rückseite ist einfacher. Die Seiten weisen besonders künstlerische Fenster und zahlreiche Skulpturen, wie Wasserspeier, Gesimse u.s.w. auf.

Das Innere besteht nur aus einem Saal, dessen Gewölbe von 6 gedrehten Säulen getragen wird, die sich unter der Decke nach Art der Palmen öffnen. Die 9 Schlussteine der Gewölbe sind unter sich gleich. Dieser grossartige Saal war das ehemalige Handelszentrum der Kaufleute und dient heute als *Museo Provincial de Bellas Artes* (Provinzialmuseum der Schönen Künste). Neben gotischen Altarbildern und Kapitälen findet man dort Gegenstände, die von Ausgrabungen herrühren.

Vorderansicht der Kirche *San Francisco* →

Vorderansicht des Rathauses

Das **CONSULADO DE MAR** (4) war der Sitz des ehemaligen Handelsgerichtes. Auf der dem Meere zugekehrten Seite ist die fünfbogige Reinaissance-Galerie mit wunderschöner Täfelung bemerkenswert. Im rückwärtigen Teil befindet sich eine kleine Hauskapelle gegenüber der *Lonja*, die in spätgotischem Stil gehalten ist. Durch den Eingang vom *Paseo de Sagrera* kommt man in das in den unteren Räumen gelegene *Museo Marítimo* (Marine-Museum). Dort werden zahlreiche Erinnerungsstücke aufbewahrt, welche die grosse Bedeutung der mallorquiner Segelschiffahrt in vergangenen Jahrhunderten erkennen lassen.

KLOSTER SAN FRANCISCO (12). — Dieses ist in seiner Gesamtheit einer der architektonischen Schätze der Stadt. Die gotische Kirche stammt aus dem 14. Jahrhundert und besteht aus einem einzigen Schiff von 74 m Länge, 17 m Breite und 24 m Höhe. Hinter dem Hochaltar und unter dem Chor befindet sich das in gotischem Stil gehaltene Grabmal des weisen Philosophen, Missionars und Märtyrers Beato Ramón Llull (1232-1314), der einer der fruchtbarsten Schriftsteller des Mittelalters

Palma. *Paseo Marítimo* →

Mandelbaeume in Bluete →

Innenhof der Strasse *San Roque* = Innenhof in der Strasse *San Pedro* und *San Bernardo*

war und später heilig gesprochen wurde. Die Barockfassade der Kirche aus dem 17. Jahrhundert weist viele Verzierungen auf, aus welchen sich besonders das Hauptportal hervorhebt. Der gotische Kreuzgang aus dem 13. und 14. Jahrhundert ist ein Meisterstück des Spitzbogen-Architektur und deshalb besonders bemerkenwert, weil seine Ausmasse im Vergleich mit anderen aus derselben Epoche bedeutend grösser sind. An seinen Wänden befinden sich viele Grabsteine. Vier Galerien umschliessen einen schönen Garten mit einem Brunnen in der Mitte, der im Jahre 1652 angelegt wurde. Der in seiner Art einzig dastehende Bau wurde zum Nationaldenkmal erklärt. Im Franziskaner-Kloster selbst sind u.a. bemerkenswert: Saal mit herrlicher Täfelung, Chor, Sakristei mit ausgesprochenem Mallorquiner Charakter, gotisches Altarbild und viele andere Gegenstände, die schon an und für sich ein kleines Museum bilden.

← Strand von *Santa Ponsa*

← Bischoefliches Museum. *San Jorge de Nisart*
(gotische Tafel aus dem XV Jhrh.)

PALAST LA ALMUDAINA (2). — Dieses Gebäude nimmt etwa einen Raum von 200.000 qm ein und liegt auf einem erhöhten Punkt am Eingang der Stadt direkt neben der Kathedrale am Meer. Es ist der ehemalige Maurenpalast, der nach der Eroberung im 13. und 14. Jahrhundert von den Königen von Mallorca renoviert und als Residenz benutzt wurde. Später ging er in den Besitz der Krone über, d.h. der Könige von Aragón bzw. Spanien, Jetzt sind dort die *Capitanía General* (Militärkommandantur), Gerichtshof und ein Archiv untergebracht. Neuerdings sind viele Veränderungen an dem Gebäude vorgenommen worden.

Das gewaltige Bauwerk enthält noch interessante Einzelheiten, wie z.B. die zum Meer liegende Fassade mit ihren zwei Türmen und der dazwischen gelegenen gotischen Galerie. Durch den der Kathedrale gegenüberliegenden Haupteingang erreicht man den grossen Hof mit einer gotischen Kapelle. Die Eingangstür dieser der Heiligen Anna geweihten Kapelle ist romanischen Stils. Im Innern ist u.a. ein Altarbild aus dem 14. Jahrhundert sehenswert. Die *Almudaina* weist im ganzen grosse Ähnlichkeit mit dem Palast der Könige von Mallorca in Perpignan auf, wo die Herrscher sich lange Zeit aufhielten. Viele architektonische Einzelheiten sind vollkommen gleich.

BISCHOFSPALAST UND DIÖZESANMUSEUM. — Befinden sich im Ausschluss an die Kathedrale auf der Seeseite. Das Gebäude ist von umfangreichem Ausmass mit einem grossen Innnenhof und schönen Garten. Es besitzt eine Galerie mit den Bildern der Bischöfe von Mallorca. *Das bischöfliche Museum* nimmt einen Teil des unteren Stocks desselben Gebäudes ein. Es war früher die Wohnung der ersten Bischöfe von Mallorca mit der Kapelle von San Pedro. Sie stammen aus dem 14. und 15. Jahrhundert. Das Eingangstor befindet sich an der Aussenseite, die zum Platz führt und stammt aus derselben Zeit. Im Museum befinden sich einige gotische Altarbilder von grossem Wert.

KIRCHEN. — So zahlreich sind die Pfarreien, Kirchen, Klöster und Gebetshäuser, dass wir nur die wichtigsten aufzählen können:

Pfarrkirche *Santa Eulalia* (13). — Sie wurde im 13. und 14. Jahrhundert erbaut und besteht aus drei Schiffen, die auf einem Flächenraum, 67 m Länge zu 27 Breite, von 18 Säulen getragen werden. Die Kirche wurde zu Anfang dieses Jahrhunderts überholt, wobei die Fassade mit einem Glockenturm versehen wurde. Die Seitenwände sind in gotischem Stil gehalten. Im Innern enthält sie einige interessante Gemälde, besonders ein

Innenhof in der Strasse *El Sol*   Innenhof in der Strasse *General Goded*

Innenhof *Casal Balaguer*

Casal Balaguer

Strasse Zavellá

gotisches Altarbild in der ersten Seitenkapelle rechts. Der Hochaltar ist etwas überladen. Nach der Kathedrale ist dies die wichtigste und grossartigste Kirche Palmas.

Pfarrkirche *Santa Cruz* (17). — Sie zeigt ebenfalls gotischen Stil und hat nur ein Schiff. Erbaut wurde die Kirche im 15. und 16. Jahrhundert. Sehenswert ist die kleine Krypta von *San Lorenzo*, die unter dem Hochaltar liegt. Ihr Eingang liegt in der gleichnamigen Strasse. Es ist die älteste gotische Kirche der Insel (13. Jahrhundert).

Pfarrkirche *San Jaime* (16). — In angemessenen Grössenverhältnissen und mit einem Schiff im 14. Jahrhundert von den Königen Mallorcas angefangen wurde der Bau erst im 19. Jahrhundert vollständig fertiggestellt.

Pfarrkirche *San Miguel* (14). — Diese relativ moderne Kirche steht an der Stelle, an der sich früher die Moschee befand. Sie wurde am Tage der Eroberung eingeweiht. In der Reliquienkammer befindet sich das verehrungswürdige Bild der *Virgen de la Salud*, ein herrliches Muster romanischer Kunst. König Jaime brachte es auf seinem Schiff nach *Mallorca* mit und überliess es dann nach der Eroberung der Stadt.

Schlafzimmer eines mallorquinischen Herrschaftshauses →

Die Kirche von *Santa Margarita*. — Sie befindet sich am Ende der *San Miguel* Strasse. Altes Kloster des 14. Jahrhunderts, gegründet von König Jaime II. Es wurde als Lagerraum benützt. Seit kurzem restauriert u. zum Nationaldenkmal erkärt.

Pfarrkirche *San Nicolás* (15). — Sie stammt aus dem 14. und 15. Jahrhundert und ist heute im wesentlichen umgebaut. Nur die beiden Hauptportale sind noch in ihrer ursprünglichen Form erhalten.

San Pedro und *San Bernardo* (6). — Diese ist eine kleine Kapelle mit schön verzierter Fassade. In diesem Gebäude befindet sich auch das Asyl bzw. Krankenhaus für arme Priester. Der Innenhof ist sehenswert und gilt als besonders typisch.

Kirche *Montesión* (18). — Dort war eine Mittelschule untergebracht. Die Jesuiten führten einen bedeutenden Umbau durch. Einzigartig ist das Kirchenportal im Barockstil. Im Innern befindet sich das Grabmal des Hl. Alonso Rodríguez und ein berühmtes Altarbild.

Kirche *Socorro* (19). — Sie stammt aus dem 15. Jahrhundert und ist bekannt durch ihren Glockenturm und die Kapelle des Hl. Nicolás mit ihrer reich verzierten Kuppel.

Ehemaliges Kloster *San Antonio* (20). — Es liegt in der *San Miguel* Strasse. In der kleinen Kirche von elliptischer Form herrscht der Florentiner Stil vor. Als einzige Kirche aus der zweiten Hälfte des 18. Jahrhunderts weist sie Freskenmalereien auf. Da sie meist geschlossen ist, muss man sich den Schlüssel gegenüber in der Sakristei von *San Miguel* erbitten. Der Kreuzgang mit toskanischer Säulenordnung ist ebenfalls elliptisch.

Kloster *Santa Clara* (21). — Besonders typisch ist der Eingangshof. Eine kleine Kirche gehört zu dem bescheidenen Gebäude.

Kloster *Santa Magdalena* (23). — Es ist von schönen Ausmassen und hat eine hohe Kuppel. Obgleich schon früh gegründet datiert der heutige Bau aus dem 18. Jahrhundert. Im Kloster befindet sich das Grabmal der in Mallorca geborenen Hl. *Catalina Tomás*. In einem gläsernen Sarkophag wird der einbalsamierte Körper dieser Heiligen aufbewahrt, die im 16. Jahrhundert als Nonne diesem Kloster angehörte.

Kloster *Concepción* (22). — Früher war dies das herrschaftliche Haus der Familie *Zaforteza*. Sehenswert ist die Fassade mit ihren gotischen Fenstern, die kürzlich so renoviert wurden, dass sie wieder das Aussehen wie im 14. Jahrhundert haben. Im Klosterbezirk liegt ein Barockhof mit einem Refektorium aus dem 15. Jahrhundert. Verschiedene Bilder in gotischem Stil sind sehenswert.

Innenhof des *Casa Veri*

DAS RATHAUS (10). — Es liegt im Geschäftzentrum der Stadt an dem *Cort*-Platz. Bemerkenswert ist die monumentale Fassade aus dem 16. Jahrhundert in reinem Renaissancestil. Durch den Reichtum und die Grösse seiner Holzschnitzereien fällt besonders das grosse Vordach auf. Im Innern finden wir einen modernen Treppenaufgang, doch der Sitzungssaal verdient kaum Erwähnung. Folgende Gegenstände lohnen eine Besichtigung: Bild des Hl. *Sebastián*, Schutzpatron der Stadt, welches dem Maler van Dyck zugeschrieben wird, eine alte Geldtruhe und eine Sammlug von Bildern moderner Maler. Im Zweiten Stock befindet sich das historische Archiv von Mallorca, welches sehr wertvolle, alte Handschriften und Kodexe birgt, so u. a. das Buch der Vorrechte der Könige von Mallorca (*Llibre dels privilegis dels reis de Mallorca*), einen herrlichen Kodex in Miniaturarbeit aus dem 14. Jahrhundert.

STADTTEIL LA PORTELLA. — Über den alten Stadtmauern und im Anschluss an den Bischofspalast am Meer befindet sich dieses Stadtviertel, welches typisch und grossartig in seiner Art ist. Dort stehen die vielen Paläste der Aristokraten, wie z.B. die *Casa España, Formiguera, Marqués de la Torre, Casa Desbrull*, usw. Es wird jedem Besucher dringend empfohlen, auch einen Gang durch dieses einsam und abseits gelegene Viertel zu machen, dessen Achse die *Calle de la Portella* bildet und wel-

ches aus einem Dutzend stiller, enger und gewundener Strassen
besteht, die mehr oder weniger Gefälle haben.

INNENHÖFE UND HERRSCHAFTLICHE HÄUSER. — Die
regen kaufmännischen Beziehungen, welche Mallorca mit den
italienischen Staaten im 16., 17. und 18. Jahrhundert unterhielt,
bewirkten, dass die neuen künstlerischen Einflüsse der dortigen
Renaissance auch bei den Bauten in Mallorca in Erscheinung
traten. Dieser klassische Stil bestimmt die innere Aufteilung,
d. h. offener, grosser, in der Mitte gelegener Innenhof in recht-
eckiger oder quadratischer Form mit Säulen und Bögen an den
Scheitelpunkten. Im Hintergrund oder in einer Ecke finden wir
die überdeckte meist grossartige Treppe.

Die Fassade ist einfach mit einem Portal und Torbogen. Vor
dem 17. Jahrhundert hatten diese Häuser meist einen unge-
deckten Altan oder Balkon mit Lauben, welcher jedoch später
in einen ausgedehnten Bodenraum mit grossem Schirmdach verwandelt wurde. Im Erdgeschoss befinden sich die grossen Vor-
flure *(entrades)*, überdacht zunächst mit vielfarbigem Holz
später mit Getäfel aus rotem Pinienholz *(llenyam vermell)*,
ferner die geräumigen Höfe und Pferdeställe, wo die meist von
Maultieren gezogenen Kutschen untergestellt wurden. Je zwei
Stockwerke und Boden bilden ein Ganzes. Oft ist eine Galerie
der Abschluss der Treppe.

Trotz des grossen italienischen Einflusses zeigen alle Häuser
typische Zeichen mallorquiner Bauart, von der Ramis de Ayre-
flor sagt: "Es sind mehr Renovierungen als neue Konstruktionen, welche an den Fenstern des Zwischenstockes und der
Bodenkammer oder an der Ausweitung der Höfe deutlich sicht-
bar werden. Alles hat aber als Grundlage den gotischen Stil,
welcher hier nie ganz verschwinden wird; dann kommen Verzierungen hinzu und später der Barockstil, was alles dazu
beiträgt, der Hauptstadt einen Stempel von Grossartigkeit auf-
zudrücken.

Im Innern enthält das erste Stockwerk grosse, hohe Säle,
welche durch kleine Korridore getrennt werden, so dass sie an
Festtagen leicht vereint werden können. Die Einrichtung ist
einfach aber gediegen, die Täfelung aus rotem Pinienholz. Die
Wände sind mit Damast bespannt und mit prächtigen Vor-
hängen und Gobelins behängt.

Das Mobiliar kann als Modell dienen. Die typischen Ruhe-
sessel sind mit Samt oder Leder ausgeschlagen und durch
Polsternägel verziert. Die Armsessel sind im Renaissancestil
gehalten, grosse und kleine Truhen meist gotisch und barock
verziert, ganz kleine Truhen im Stil des Landes. Die Alkoven
sind mit herrlichen Bettvorhängen aus Damast und wertvollen
Bildern geschmückt. Die zahllosen Kunstgegenstände (Gemälde,

Salon eines Herrschaftshauses

Bildhauerarbeiten, Keramiken, Lampen, Gobelins u.s.w.), die diese Herrschaftshäuser bergen, stellen einen unschätzbaren Wert dar, trotzdem viel davon mit der Zeit verschwunden ist.

Eine einfache Beschreibung oder eine blosse Aufzählung aller Häuser würde zuviel Platz einnehmen, so dass wir uns darauf beschränken, die wichtigsten herauszugreifen. Die angegebenen Zahlen stimmen mit denen des Stadtplanes überein. Zunächst im unteren Stadtteil befinden sich:

Casa Berga (37) mit seinem Innenhof und über die ganze Fassade reichenden Balkon wurde in das Gerichtsgebäude umgebaut. *Casa Puigdorfila* (33) finden wir unter der Hausnummer 10 in der gleichnamigen Strasse. *Casa Veri* (32) mit grossem Renaissance-Innenhof in der *Veri-Strasse* Nr. 16. *Casa Marqués de Solleric* (34) in der *San Cayetano*-Strasse Nr. 22. gegenüber der Kirche, mit schöner Fassade und Galerie. *Casa Marqués de Casa Ferrandell* in der *San Jaime*-Strasse Nr. 21. *Casa Marcel* (35) in der *San Juan*-Strasse Nr. 1. *Casa Marqués* in der *Apuntadores*-Strasse Nr. 51 und *Casa Villalonga, Gloria*-Strasse Nr. 29 Im oberen Stadtteil finden wir:

Casa del Marqués de Palmer (27), *Sol-Str.* 17, mit herrlicher Fassade in reinem Renaissancestil *Casa del Marqués de Vivot* (heute *Perelada*) (31), in der *Zavellá*-Strasse, mit grossartiger Barocktreppe und Galerie, Brunnen im Hof und sehenswerten

Salon eines Herrschaftshauses

Fassade-Fenstern. *Casa Oleo* (28), *Almudaina*-Str. 8. Innenhof mit gotischen Resten. *Casa Truyols* (29) und nebenan *Casa Villalonga* mit Renaissance in der Fassade, ebenfalls in der *Almudaina*-Strasse. Im *Portella*-Stadtviertel ferner *Casa Formiguera, Casa España, Casa Desbrull*, u.s.w.

Jedes dieser Häuser stellte einst die Wohnstätte einer aristokratischen Familie dar, deren Titel auch meist der Strasse ihren Namen gab. Oft tragen die Strassen noch heute solche Namen, obwohl die alten Paläste verschwunden sind. Vor dem Haus war ein kleiner Platz, der die Ein- b.z.w. Ausfahrt der Karrossen erleichtern sollte.

Neben diesen mallorquiner Stadthäusern gibt es dann noch die meist noch grosszügiger angelegten Landsitze mit ihren Gärten und Wasserspielen. Wir werden diese Anlagen noch im einzelnen bei den Ausflügen über die Insel aufführen. Neben anderen Besitzungen hatte jede Familie einen bevorzugten Aufenthaltsort, dessen Name derselbe wie der der Familie war. Vor den Namen wurde nur das Wort Son gesetzt, welches etwa dem französischen Chez entspricht und soviel wie "Wohnsitz der Herrn..." bedeutete. Diese Landsitze lagen meist im gebirgigen Teil der Insel in einer Entfernung von 10, 20 oder 25 km von der Hauptstadt. Die Küstenstriche wurden gemieden wegen der Feuchtigkeit und der Piratengefahr. Diese Landsitze aus

Innenhof der *Casa Colom* (Strasse *Zanglada*)

dem 17. und 18. Jahrhundert sind heute noch sehr gut erhalten.
Bei manchen finden wir Reste von gotischen Veteidigungs-
türmen. Es sind wahre Paläste, in welchen der Besitzer den
Oberstock bewohnte. Die Aufteilung ist ähnlich der Stadthäuser
mit grossem Innenhof (clastre) und Galerien über den Gärten,
das Mobiliar gleich prächtig. Bevorzugt für die Anlage dieser
Besitzungen wurden die Orte; *Puigpuñent, Esporlas, Valldemosa, Buñola, Santa María, Alaró,* u.s.w., aber auch sonst sind sie
verstreut über die ganze Insel zu finden.

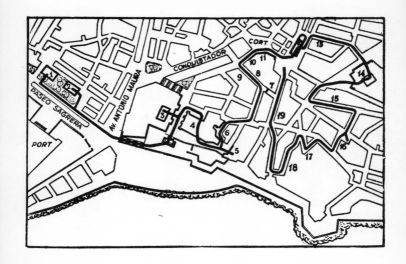

KURZER WEGWEISER FÜR EINEN STADTRUNDGANG.
Vergleichen Sie die angegebenen Zahlen mit obiger Zeichnung.
Wer Palma richtig kennenlernen will, muss der Stadt mindestens zwei volle Tage widmen. Wenn der Besucher jedoch nur über einen Vor- oder Nachmittag oder vielleicht nur über einige Stunden verfügen sollte und damit er sich in dieser kurzen Zeit ein Bild von den Sehenswürdigkeiten der Stadt machen kann, geben wir nachstehend folgenden kurzen Wegweiser:

Am Eingang der Stadt auf dem *Paseo de Sagrera* finden wir das *Consulado de Mar* (1) und *La Lonja* (2) und folgen dann dem alten Stadtwall. Zur Linken treffen wir dann auf den *Palacio de la Almudaina* (3), dessen Hof wir besichtigen. Nun gehen wir weiter zu der Kathedrale (4) und zum Bischofspalast (5), um dann von der *San Pedro* und *San Bernardo*strasse aus den Hof des Gebetshauses (6) zu betreten. Weitergehend durch die Strasse *San Pedro Nolasco* und *Zanglada* erreichen wir die *Almudaina*-Strasse (7) mit *Casa Truyols* und *Casa Villalonga* (8) auf der rechten und *Casa Oleo* (9) auf der linken Seite. Auf die *General Goded* (früher *Palacio*)-Strasse einbiegend sehen wird die *Diputación* (Provinzialverwaltung) (10) und die Fassade des Rathauses (11) auf dem *Cort*-Platz.

Von diesem Platz, dem Zentrum der alten Stadt, gehen wir durch die *Cadena*-Strasse zum Platz der Hl. *Eulalia* und treten in die dortige Kirche (12) ein. Hinter der Kirche besuchen wir dann in der *Zavellá*-Strasse den Hof des Hauses des *Marqués de Vivot* (13) und folgen dieser Strasse bis zur *San Francisco*-Kirche (14). Dort besichtigen wir das Grabmal des *Ramón Llull* und den Kreuzgang, der vom Platz selbst zu erreichen ist. Den *San Francisco*-Platz verlassend folgen wir der gleichnamigen Strasse und erreichen durch die *Padre Nadal*-Strasse die *Calle del Sol*, wo wir die Fassade des Hauses *Marqués del Palmer* (15) bewundern können.

Gehen wir nun durch die *Sol*-Strasse weiter, so können wir rechts durch eine enge Gasse *La Crianza* zum *Montesión*-Platz gelanden. Durch die *Calle del Viento*, die dicht an der Kirche vorbeiführt, kommen wir auf die *San Alonso*-Strasse. Dieser folgen wir nach rechts, bis wir den Durchgang zum Hof des *Santa Clara*-Klosters (17) erreichen. Durch die gleichnamige Strasse gehen wir weiter, bis wir linker Hand die *Serra*-Strasse finden, wo wir die arabischen Bäder besichtigen (18). Dann gehen wir weiter durch de *Formiguera* und *Portella*-Strassen, um dort die Fassaden und Höfe zahlreicher Herrschaftshäuser zu sehen. Dann folgt die *Morey*-Strasse, woselbst wir das *Oleza*-Haus (19) und seinen Hof betrachten können. Nun kehren wir zum *Santa Eulalia*-Platz und *Plaza Cort* zurück, wo unser kurzer Rundgang duch die alte Stadt sein Ende findet.

Aufgang zur Kathedrale

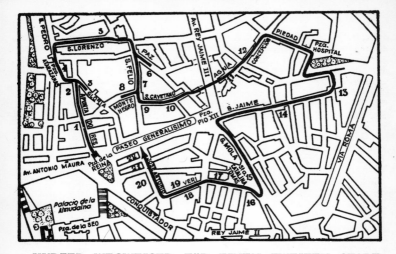

KURZER WEGWEISER FÜR EINEN ZWEITEN STADT-
RUNDGANG. — Für diejenigen, die an einem anderen Vor-
oder Nachmittag den unteren, grösstenteils neuen Teil der
Stadt besichtigen wollen, geben wir nachstehend Einzelheiten
für einen zweiten Rundgang:

Von der *Plaza de la Reina* biegen wir in die *Apuntadores-
Strasse* ein, wo wir links an der Ecke mit der *San Juan*-Strasse
Haus und Hof *Marcel* (1) finden und weiter *Casa Marqués* (2)
mit grossem Eingang und bemerkenswerter Treppe. Am Ende
dieser Strasse werfen wir einen kurzen Blick in die *Gloria*-
Strasse, wo wir am Haus Nr. 25 ein Barockfenster (3) betrachten. Links gehen wir weiter über den *Atarazanas*-Platz, in dessen Mitte eine Statue des grossen mallorquiner Seefahrers *Jaime
Ferrer* (4) steht. Kurz die *San Pedro*-Strasse berührend biegen
wir in die *Calle San Lorenzo* ein, an deren Ende links sich die
gleichnamige Krypta (5) aus dem 13. Jahrhundert befindet.
Dann werfen wir einen kurzen Blick in die *Paz*-Strasse, um
dort die Fassade der *Casa Weyler* (6) zu bewundern.

Zurück in der *Calle San Felio* haben wir linker Hand die
Casa Belloto (7) mit ihrem berühmten Portal. Rechts in der
Montenegro-Strasse sehen wir die Reste des Palastes, der dieser
Strasse den Namen gegeben hat, von welchem nur noch die
Fassade, Wappen und gotische Fenster im zweiten Stock stehen
(8). Weitergehend durch die *Calle San Cayetano* betrachten
wir zunächst rechts das alte Gebetshaus *San Felio* (9). In der
gleichen Strasse liegt auch der *Palacio Morell* (10) mit seinem
Innenhof aus dem 18. Jahrhundert, der wohl der interessanteste
der ganzen Stadt ist. Ohne die Richtung zu ändern über-

schreiten wir die *Avenida Jaime III,* die von grossen, modernen Häusern umsäumt ist. Ein Blick auf beide Seiten dieses herrlichen Fortschrittes unserer Stadt in den letzten Jahren. In der *Agua*-Strasse finden wir dann zunächst den typischen Brunnen *Sepulcro* (11) und weiter links die Fassade des *La-Concepción*-Klosters (12) mit seinen ursprünglichen, gotischen Fenstern, Zeugen dessen, wie die Stadt im Mittelalter ausgesehen hat.

Rechts in die *Piedad*-Strasse einbiegend gelangen wir zum Platz des Hospitals. Das dortige Krankenhaus stammt aus dem 17. Jahrhundert, ist aber heute vollkommen modernisiert. Über diesen Platz kommen wir zur *Santa Magdalena*-Kirche (13), die an der gleichnamigen Strasse liegt und aus dem 18. Jahrhundert ist. Dort ruht die bekannte Heilige *Catalina Tomás,* die aus Mallorca gebürtig war. Dann folgen wir die *San Jaime*-Strasse und besichtigen dort die gleichnamige Kirche (14). Auf beiden Seiten dieser Strasse stehen verschiedene Herrschaftshäuser, die früher aristokratischen Familien gehörten, deren Namen sie auch heute noch tragen, wie z.B. *Orlandis, Torrella, Roses, Ferrandell, San Simón, Ribas, Marqués del Reguer, Armengol* u.s.w. Die Innenhöfe, Fassaden und grossen Vordächer dieser Anwesen verleihen der Strasse einen besonders vornehmen Charakter. Am Ende der Strasse gelangen wir zum modernen Pius XII-Platz mit dem Schildkrötenbrunnen in der Mitte. Linker Hand nehmen wir die *General Mola*-Strasse bis zum Platz *Santa Catalina Tomás,* in dessen Zentrum, inmitten von Gartenanlagen, das Denkmal für *Antonio Maura* (15) steht, der ein bedeutender spanischer Politiker und Redner Anfang dieses Jahrhunderts war. Am gleichen Platz liegt die alte *Casa Berga* (16), das heutige Gerichtsgebäude, und ferner die *San Nicolás*-Kirche, die verschiedene Baustile in sich vereint.

Ohne die Richtung zu ändern besichtigen wir nun in der *Veri*-Strasse Nr. 7 (18) die Barockfenster an der Fassade. Sehenswert ist auch der Innenhof der *Casa Verí* (19) in schönstem Renaissancestil. Am Ende dieses engen Durchgangs kommen wir zur modernen *Avenida José Antonio.* An dieser belebten Innenstrasse liegen sowohl das Post- und Telegraphen-Amt (20) als auch *Gobierno Civil* mit Polizei (21) und Telephongebäude (22). Hier erreichen wir nun die volkstümliche *Borne*-Promenade, welche heute *Paseo Generalísimo Franco* genannt wird. Am Ende dieser breiten Allee hatten wir unseren zweiten Rundgang begonnen. Der *Paseo Borne* verkörpert die ganze Geschichte der Stadt. Einst lag dort das Bett des Gebirgsflusses *La Riera,* der an dieser Stelle die Stadt durchfloss. Später wurde dort der Turnierplatz angelegt, und seit etwa einem Jahrhundert ist er die bekannteste Promenade der Stadt. Hier beschliessen wir nun unseren Gang durch den interessantesten Teil der unteren Altstadt.

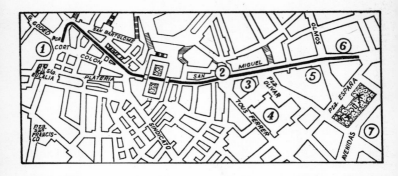

KURZER WEGWEISER FÜR EINEN DRITTEN STADT-
RUNDGANG. — Als Ausgangspunkt nehmen wir die *Plaza
Cort*, der klassische Mittelpunkt der traditionellen Stadt. An
diesem Platz befindet sich das Rathaus (1) mit der Fassade aus
dem 17. Jahrhundert mit der alten Uhr und auf dem Turm
die bekannte Glocke *En Figuera*, welche während vieler
Jahre das Leben der Stadt regulierte, manchmal als Alarm-
glocke bei Feuersbrunst und sonst die Stunden anzeigend, nach
denen die Bewohner von *Palma* ihre Uhren stellten. Heute, wo
es die Feuerwehr gibt und alle Häuser Radio haben, bleibt von
all dem nur noch die Erinnerung.

Der erste Teil des Rundganges ist der Stadtteil der Geschäfte,
Wir beginnen an der Strasse *Jaime II*, ohne Autoverkehr und
mit Geschäften aller Art. Am Ende lassen wir rechter Hand
die Sindikat-Strasse, die ähnlich ist, um den *Plaza Mayor* mit
seinen Bögen zu überqueren und kommen zur Strasse *San Miguel*. Diese beiden engen Strassen, die schon immer Geschäfts-
strassen waren, hatten früher den Namen des Gewerbes. Die
Strasse *Jaime II* hiess bastatxos (Schnurmacher) und die Sin-
dika-Strasse *Sa Capellería* (Hutmacher). Diese Namen sind, seit
dem diese kleinen Läden moderne Geschäfte geworden sind,
nicht mehr gebräuchlich.

Die Kirche *San Miguel* (2) ist die erste der 4 Kirchen dieser
Strasse, eine interessanter als die andere. Sie ist die älteste der
Stadt. An dieser Stelle existierte eine arabische Moschee, welche am Tag der Eroberung zur christlichen Kirche geweiht
wurde. Die Fassade, das Portal und der Glockenturm sind gotisch.

Die Kirche von *San Antonio* (3) ist ein interessantes Exem-
plar aus dem 18. Jahrhundert mit Freskenmalerei an der Kuppel und dem kleinen Kreuzgang. Beide in länglich-runder Form.
Am 17. Januar, Fest des Heiligen Antonius, werden hier von der

Kirche die traditionellen *Beneides* (Tierweihen) erteilt. Besonders die Pferde werden gebracht, die jedoch heute wegen der motorisierten Fahrzeuge nicht mehr die grosse Bedeutung haben.

Anschliessend befinden wir uns an Platz und Markthalle *Olivar* (4). In dieser Umgebung sind viele Geschäfte entstanden im Anschluss an dieses bekannte Geschäftszentrum mit viel Verkehr zu jeder Jahreszeit.

Die Kirche *Santa Catalina de Sena* (5) aus dem 18. Jahrhundert ist das Einzige, was noch vom alten Kloster erhalten ist, dank dem dass diese zum Nationaldenkmal erklärt wurde.

Die Kirche *Santa Margarita* (6) Baudenkmal aus dem 16. Jahrhundert diente über ein Jahrhundert als Lagerraum, wurde restauriert und zum Nationaldenkmal erklärt. Das Bauwerk des Klosters ist heute Militär-Hospital.

Wir kommen an das Ende der *San Miguel*-Strasse, die geradlinig und fast senkrecht auf die Avenida, die Umgehungstrasse um den Stadtkern, stösst. Sie ist die längste der Altstadt und an der Stelle, wo sie mit der *Avenida* zusammentrifft, befand sich das "Bab al Kofer" von der alten arabischen Stadtmauer, das im Jahre 1912 barbarischer Weise abgerissen wurde. Durch dieses Tor marschierte König *Jaime I* an der Spitze seines siegreichen Heeres am 31. Dezember 1229 in die Stadt, nachdem seine Krieger die Stadtmauern durchbrochen hatte.

Kirche der *Santa Margarita*

Die Riesen der Stadt

Font del Sepulcre (Strasse *La Concepción*)

Typischer Balkon Strasse *La Misión*

III.—DIE TYPISCHEN ASPEKTE DER STADT PALMA

Das traditionell Typische verliert sich, dem Zug der Zeit folgend, immer mehr. Von dieser Entwicklung werden Dörfer und Städte betroffen, wobei sich dieser Prozess an den Städten noch schneller vollzieht. In den ersten Jahren unseres Jahrhunderts trugen die Bauernmädchen, die in der Stadt Arbeit fanden, stets die Tracht. Diese Gewohnheit hat sich bereits verloren. Auch beraubt die ständig fortschreitende Entwicklung die Stadt mancherlei charakteristischer Winkel. Infolge weitgehender baulicher, der Modernisierung dienenden Veränderungen verändert sich alles mit oft unglaublicher Schnelligkeit. Wo gestern noch ein Haus stand, gähnt heute ein Loch, steht übermorgen ein neues Bürohaus mit glatter, unpersönlicher Fassade. Und trotzdem Palma hat sich bis auf den heutigen Tag unzählige seiner baulichen Schönheiten bewahrt. Wer sich Zeit nimmt, sie aufzuspüren, wird entzückt sein. Da gibt es verborgene Winkel, enge Gassen, Häuser und Häuschen, die sich ihren ganz speziellen, primitiven Charme bewahrt haben. Dies gilt besonders für die Quartiere, die zum Meer ausgerichtet sind, wie z.B. *La Calatrava* im östlichen Teil der Stadt, und für den westlich gelegenen Stadtteil *Puig de Sant Pere*. Erwähnung verdient das Quartier *El Jonquet,* anstossend an den *Paseo Marítimo*, und berühmt durch seine alten Windmühlen, diesen Wahrzeichen entschwundener Zeiten, die man zu Nachtclubs gemacht hat. Die Windmühlen in den östlichen Quartieren sind total verschwunden. Ein paar Türme, die Müllern gehörten, haben sich auf dem alten Weg nach *Son Rapinya* erhalten. Dieser Weg heisst heute *calle La Industria*. Ausserhalb der Stadt, fast angebaut an die alten Stadtmauern, gab es unzählige Gartenhäuschen, die heute zwischen den modernen Gebäuden verschwunden sind oder von ihnen erdrückt wurden. Die wenigen Ueberbleibsel dieser charakteristischen Bauwerke dienen heute den Malern als Objekt, und man kann sie in unzähligen Varianten in den Kunstgalerien bewundern.

Es haben sich allerdings einige Feste und Gebräuche den Zeitläufen zum Trotz erhalten. Zum Wichtigsten gehören die Prozessionen der Osterwoche, wobei die bemerkenswerteste Prozession am Gründonnerstag stattfindet. Sie hat ihren Ausgang bei der Kirche des Hospitals und durchzieht einen grossen

Teil der Stadt. An ihr nehmen mehr als 30 Bruderschaften mit
mehr als 2.000 Büssern teil. Im Umzug werden unschätzbare
Kunstwerke mitgeführt. Den Schluss bildet der "*Santo Cristo
de la Sangre*" der seinen Platz in der Kirche gleichen Namens
hat.

Am Karfreitag findet am Abend die Prozession des Hl. Be-
gräbnisses statt, die bei der Kathedrale ihren Anfang nimmt
und unter tiefstem Schweigen den oberen Teil der Stadt durchzieht. Dann kommt die Prozession des Corpus Christi am Nachmittag, ebenfalls an der Kathedrale beginnend, zu deren Anlass
Truppen die Strassen säumen und die Menge zur Feier des
Tages eine freudige Stimmung zur Schau trägt.

Typische, von der Stadt organisierte Feiern sind jene vom
3. Juli und vom 28. Juli. Beidemal erscheinen die Honoratio-
ren der Stadt in corpore. Die Feier vom 3. Juli in der Kirche
San Francisco wird zu Ehren des Beato Ramón Llull abgehalten,
jener grossen Figur des Mittelalters, die dem Schrifttum Mallorcas zur Berühmtheit verhalf. Am 28. Juli wird in *Santa
Magdalena* zu Ehren der Nonne *Santa Catalina* Tomás gefeiert,
die diesem Orden im 16. Jahrhundert angehörte. Aber der
höchste Feiertag des Jahres ist für Mallorca unzweifelhaft der
31. Dezember. Es ist der Tag, an dem König Jaime I die Stadt
vom Joch der Araberherschaft befreite, die vier Jahrhunderte
gedauert hatte.

An diesem Tag ist die Fassade des Rathauses festlich ge-
schmückt, und inmitten dieses Schmuckes prangt ein grosses
Bild des Königs, des Eroberers. Das Festkomite verlässt das
Rathaus und zieht in einem feierlichen Akt auf der Mitte der
Plaza Cort das königliche Banner auf. Der Festzug wird durch
berittene Polizei in Galauniform eröffnet, der "Es tamborés de
la Sala" —die Tambourmusik— folgt, mit Herolden und den
Ministrils, den Stabträgern und Wachtsoldaten, dem Plenum des
Stadtrates und zuletzt der Stadtmusik. Es ist ein sehr feierlicher
Aufzug, der sich in grosser Gala gemessenen Schritts nun zur
Kathedrale hinbewegt, wo eine grosse Festmesse abgehalten
wird im Beisein sämtlicher Behörden, des diplomatischen
Corps und einer Menge von Leuten. Nach Schluss der Messe
bewegt sich derselbe Umzug zum Stadthaus zurück, begleitet
von einer Infanteriekompanie und der Stadtmusik. Vor dem
Stadthaus wird der Fahne die gebührende Ehre bezeugt, wonach
sie dann wieder eingezogen wird.

IV.—PALMA ALS MODERNE STADT

Im 19. Jahrhundert kamen grösstenteils Künstler und Schriftsteller nach Mallorca beseelt von dem Wunsche, ihnen unbekanntes Neuland zu erschliessen, und angelockt durch die herrliche Landschaft, die Bauten und die besonders typischen Städte und Dörfer. Wenn auch noch manch ein Tourist während seiner Ferien Ruhe am Strand oder auf dem Lande sucht, so liebt man es doch allgemein mehr, alles fertig vorzufinden und die angenehmen, bequemen Einrichtungen einer Stadt zu nutzen. So haben die Fremden viel dazu beigetragen, das heutige moderne Leben von *Palma* zu beiflussen. In Sommer können sie an den zahlreichen Ausflügen teilnehmen. Im Winter verbringen die Besucher die Zeit in gutgeheizten Cafés, Bars oder sonstigen Vergnügungsstätten.

Den Ausdruck des Reichtums einer Gegend bildet immer die Hauptstadt, die man sich dort zu schaffen wusste. In *Palma* wohnt ca. 44 % der Bevölkerung der ganzen Insel. Nur wenige Städte haben in den letzten 50 Jahren einen ähnlichen Aufstieg der Bevölkerungszahl auf heute 220.000 erlebt. Trotz dieser starken Veränderung sind die typischen alten Stadtviertel und Bauten fast unberührt geblieben oder sogar noch verbessert, und restauriert worden.

DER HAFEN UND DIE MEERESZONE DER STADT

Der Stadtteil der ans Meer grenzt, dehnt sich auf 6 km aus. Turm von *Pelaires* bis *Portitxol*. Er besteht aus einer breiten Promenade mit 2 Fussgängerwegen und einer grossen Fahrstrasse mit je 3 Bahnen. Der erste Abschnitt ist der *Paseo Marítimo* mit seinen grossen Hotels und modernen Bauten Im mittleren Abschnitt befinden sich die bedeutensten historischen Monumente der Altstadt (Meereskonsulat, die *Lonja*, *Almudaina* Palast, Kathedrale, Bischofspalast, Patrizierhäuser und die alten Mauern) Der dritte Teil ist ein grosser Kontrast zu den übrigen, heisst *El Molinar* und führt zum alten Vorort, der sich zur Zeit sehr entwickelt.

Diese lange Promenade, die im Winter viel Sonne hat, wird von Grünanlagen unterbrochen. Die Palmen, die schon zur Zeit der Mauren im VIII bis XIII. Jahrhundert eine grosse Rolle spielten, treffen wir hier in langen Reihen oder in Gruppen auf den Plätzen und in den Gärten, sie sind auch der hauptsächliste Schmuck dieser Allee. Es sind über 700 Palmen angepflanzt, manche von besonderer Höhe. Diese Menge von Palmen zeugt für das milde Klima der Insel.

(Siehe Seite 88/89 den Plan dieser einzigartigen Promenade)

← *Plaza Pío XII*

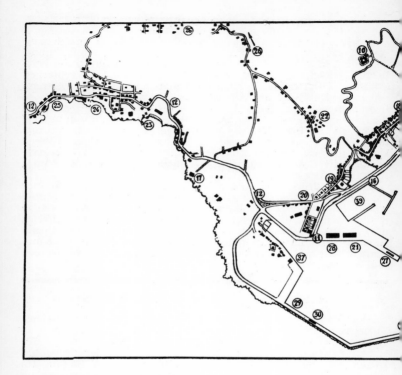

1. ALTE STADTMAUER.
2. BISCHOFSPALAST UND MUSEUM DER DIÖZESE.
3. KATHEDRALE.
4. *ALMUDAINA*-PALAST UND GÄRTEN VON *S'HORT DELS REIS*.
5. DIE BÖRSE.
6. SEEKONSULAT.
7. *CLUB NAUTICO*.
8. TENNISKLUB.
9. ZOLLGEBÄUDE.
10. SCHLOSS *BELLVER*.
11. TURM VON *PELAIRES*.
12. LANDSTRASSE *ANDRAITX*.
13-14. HANDELSHAFEN.
15. *C.ª TRANSMEDITERRANEA*. SPANISCHE SCHIFF-
    FAHRTSGESELLSCHAFT.
16. SEEPROMENADE *GABRIEL ROCA*.
17. MUSEUM STIFTUNG SARIDAKIS.
18. *EL TERRENO*.
19. *CORP MARI*.
20. *PORTO-PI*.

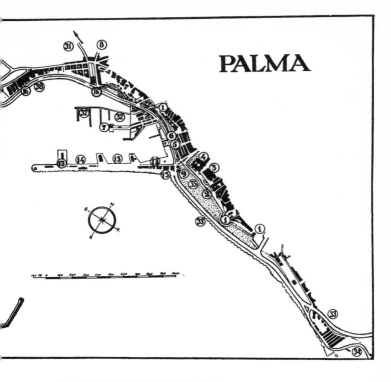

PALMA

21. SCHIFFSANLEGESTELLE VON UND NACH *BARCELONA*.
22. *BONANOVA*.
23. *CALA MAYOR*.
24. *SAN AGUSTIN*.
25. *CA'S CATALA*.
26. *GENOVA*.
27. ÜBERSEEMOLE.
28. SCHIFFESANLEGESTELLE VON UND NACH *VALENCIA*.
29. WESHAFEN MIT DOCKS.
30. WESTKAI.
31. *PUEBLO ESPAÑOL* (SPANISCHES DORF).
32. HAFEN UND SCHIFFE DES KLUB *NAUTICO*.
33. AUTOBAHN ZUM FLUGHAFEN.
34. *PORTITXOL*.
35. *PARQUE DE MAR* (IM BAU).
36. GÄRTEN DER *CUARENTENA*.
37. TURM *D'ES SENYAL* (SIGNALTURM FUER DEN HAFEN).
38. *AUDITORIUM*.
39. *CLUB MARINA PORTO PI*.

Avda. del Rey Jaime III

Im Jahre 1902 wurde damit begonnen, die alten Stadtmauern abzutragen, die aus dem 17. Jahrhundert stammten und alle Neubauten verhinderten. Auf dem Gelände, das einst die Mauern einnahmen, verläuft heute eine schöne, gewundene Strasse von 5 km Länge und 40 m Breite. An ihren breiten Nebenstrassen liegen die modernen und grossen Bauten der Neustadt, die etwa doppelt so gross wie die Altstadt ist. Das Zentrum bildet die Plaza de España mit ihren 15.000 qm und dem von Gartenanlagen umgebenen Standbild des Königs Jaime I. in der Mitte, alles in der Nähe des Bahnhofs. Infolge dieser Ausdehnung sind die ursprünglichen Vororte ganz mit der Stadt verschmolzen. *El Terreno* war früher ein kleiner Ort für Sommerfrischler, der mit *Palma* durch eine von Maultieren gezogenen Strassenbahn verbunden war. Heute liegt dort das bevorzugte Wohnviertel für die Touristen.

Das Zentrum des gesellschaftlichen Lebens in *Palma* von heute liegt am *Paseo del General Franco*, dem früheren *Borne*, wo sich die hauptsächlichsten Cafés, Bars, Restaurants, Theater, Reiseagenturen u.s.w., befinden. Zu allen Tageszeiten geben sich auf dieser belebten Promenade, im Schatten hoher Bäume oder in den Cafés an der Seite, alle Gesellschaftsschichten ein Stelldichein. Hier defilieren Menschen aller Nationalitäten. Man hört sämtliche Sprachen und sieht, besonders im Sommer, die verschiedensten Arten der Kleidung. Autos mit Kennzeichen aus aller Welt, Taxis, Autobusse mit Ausflüglern, Motorräder und

Theater *Principal*

Fahrräder ziehen in nichtendender Reihe vorbei. Die Kellner sprechen zwei oder drei Sprachen und das Ganze gibt den Eindruck einer kosmopolitischen Stadt.

Der *Borne* ist durch die *Avenida Antonio Maura* mit denn "Paseo Sagrera" verbunden. Letzterer verdankt seinen Namen dem Architekten der *Lonja* und liegt verschönt durch eine doppelte Palmenreihe auf dem einstigen Gelände der verschwundenen Stadtmauern. Von hier führt die neue, breite Uferpromenade bis nach *Porto-Pi* und verbindet *Palma* mit *Son Armadams* und *El Terreno*. An dieser Promenade liegen eine Reihe hervorragender Hotels und andere Bauten, wie z.B. Cafés und Bars.

Im Sommer verlegt sich das Leben der Stadt fast ganz in die am Meeresufer gelegenen Wohnungen und die dortigen Hotels, Restaurants und Bars. In den Abendstunden der warmen Nächte bietet Bucht und Uferpromenade mit den sich im ruhigen Meer spiegelnden Lichtern einen unvergesslichen Anblick. Traumhaft schön und unvergeichlich wird es dann, wenn zusätzlich noch die Lichter der oft den Hafen anlaufenden Ozeandampfer über das Wasser blinken.

Palma besitzt noch andere Promenaden, wie z.B. die *Rambla* im Innern der Stadt und die 1 km lange *La Riba* am Ufer unter der Kathedrale mit wunderbarer Aussicht auf die Hafenanlagen und die weite Bucht.

Plaza de la Reina

Die Altstadt wurde, jedoch unter Schonung der Denkmäler, durch die verschiedensten Neubauten verschönert. Nennen wir zunächst den vorbildlichen *Olivar*-Markt, durch dessen Bau ein hässliches Viertel verschwand. Gleichzeitig wurde *Plaza Mayor*, wo sich früher der Markt befand, zu einem schönen Platz. Die neue Marktanlage wird durch eine Reihe von modernen hohen schlanken Geschäftshäusern und Banken ergänzt. Eine weitere Umgestaltung bildet der Durchbruch der *Jaime III.* Strasse mit ihren Bogengängen, die das Ende des *Borne* mit dem stark bevölkerten Viertel von *Santa Catalina* verbindet. Hier sind besonders die imposanten Neubauten zu bewundern.

Unter den modernen Bauten müssen wir besonders hervorheben: Palast March, ein wahres Kunstmuseum. *Delegación de Hacienda* (Finanzamt). Gymnasium und andere Schulen, die Bank von *Bilbao* u.s.w. Ferner die Provinzalverwaltung *(Diputación Provincial)* neben dem Rathaus, ein grossartiges Gebäude, dessen Fassade an die *Lonja* erinnert, in welchem der Aufgang, die Vorhalle, der Sitzungssaal, das Präsidium und die Bibliothek im Erdgeschoss bemerkenswert sind.

Was Kultur anbelangt so wäre der *Círculo de Bellas Artes* (Kunstverein) mit seinem Ausstellungssaal zu erwähnen, ferner das Symphonie-Orchester und die *Capilla Clásica*, die regelmässig Konzerte veranstalten. Auch gibt es noch sechs weitere, private Ausstellungsräume für Kunstgegestände.

Gaerten des *S'Hort del Rey*

In einer modernen Stadt dürfen auch die für den Fremden besonders interessanten Anziehungspunkte nicht fehlen, wie z.B.: Stierkampfarena, Frontón (Halle für baskisches Ballspiel), 20 das ganze Jahr geöffnete Kinos und Theater, Tanzlokale, Tennisplätze, Hunderennbahn Boxkämpfe, Freistilringen, Radrennbahn, Fussballplätze (einer mit 50.000 Plätzen), Korbballfelder, verschiedene Schwimmbäder, Motorrad-Klub u.s.w. Alle sind modernste Anlagen, unter denen der Jachtklub *(Club Náutico)* besondere Erwähnung verdient. Er ist vorbildlich in seiner Art und nimmt ca. 40.000 qm ein. Über 800 Boote und bis zu 100 Vergnügungsjachten unter allen Flaggen liegen dort. Ein Musterbeispiel ist auch der 100 jährige *Círculo Mallorquín* mit eigenem Gebäude und Ausgängen zur *General Goded-* und *Conquistador*-Strasse. Sehenswert ist hier die Bibliothek. In dem prächtigen Tanzsaal und den herrlichen Salons versammelt sich an Festtagen die vornehme Gesellschaft von *Palma*.

Hinweisen möchten wir noch auf die Fertigstellung des bedeutenden Seehafens, an dessen Molen die grössten Überseeschiffe anlegen können. Seine Uferlänge beträgt 8 km, von denen 4 km der Seepromenade angehören, die den Handels- und Fischereihafen mit Jachtklub einerseits und den Überseehafen mit dessen Westmole von 1.700 Länge andererseits verbindet.

Denkmal des Koenigs Jaime I   Denkmal des *Hondero Balear*

Club Náutico

Plaza Pío XII

Springbrunnen der Promenade *La Rambla*

Paseo Mallorca

Paseo Marítimo Gabriel Roca

Durch den von Jahr zu Jahr steigenden Luftverkehr mit immer grösseren Flugzeugen war man gezwungen, den alten Flugplatz von *Son Bonet* stillzulegen. Heute verfügt *Palma* über den erstklassigen Flughafen von *Son Sanjuán*, der schon wieder zu klein zu werden droht.

Das Grosstadtleben ist hier lebhafter und vielseitiger als in manch anderer Stadt, die mehr Einwohner als *Palma* hat. Es gibt 47.000 Telephone, damit liegt sie an 2. Stelle in Spanien. 300 moderne Autobusse für Ausflüge und über 100 Büros für Touristen und Ausflüge. 20.000 Arbeiter arbeiten zur Zeit an der Konstruktion neuer Gebäude. Die Anzahl der motorisierten Fahrzeuge beträgt schon über 125.000. Damit hat *Palma* relativ den ersten Platz in Spanien. Wenn man noch dazuzählt die grosse Anzahl der spanischen und ausländischen Touristenautos, die nach hier transportiert werden, kann man die Verkehrsstockungen und Parkprobleme verstehen. Ein Problem, das sehr schwer zu lösen ist.

In der modernen Stadt gab die Seepromenade den Anlass zu gundlegenden Änderungen. Die Stadt hat sie einem grossen Mallorquiner zu danken, dem Bauingenieur Gabriel Roca, der dieses geniale Projekt ausgeführt hat.

Angelegt auf dem Gelände, das er dem Meer an der Mündung des Wasserlaufes *La Riera* abgewonnen hat, welcher jahrhundertelang seine Gewässer an eine Ecke des Hafens warf,

Strand von *Palmanova* →

Strand von *Paguera* →

Paseo Marítimo

Paseo Marítimo

← *Colonia de Sant Jordi* (Hafen von *Campos*)

← *Valldemosa*

Paseo Marítimo

Hafen von *Pelaires*

wo sich ein Sumpf bildete, der den grössten Teil verunzierte. Auf einer Seite wurde der *Club Náutico* errichtet, einer der bedeutendsten des Mittelsmeers, und auf der anderen Seite der Mündung wurde im Jahr 1944 der Bau der Promenade begonnen.

Unansehnliches Gelände wurde rasch in eine herrliche Allee verwandelt, und auf den wertlosen Grundstücken von damals sind heute der Sitz der Hotels von der besten Kathegorie. Diese fantastische Strasse wurde bald eine der belebtesten der Stadt und kaum fertig gestellt, musste sie um das doppelte verbreitert werden, und hat jetzt über 40 m Breite und an manchen Stellen noch mehr mit doppeltem Verkehr, Gärten, Parkanlagen, u.s.w. An einem sehr langen Hafen am Rand der Promenade und bis zum Hafen der Überseedampfer legen unzählige Jachten und Vergnügungschiffe an, gegen genüber die Hotels, hohe Wohnhäuser Bars, Restaurants, Büros und Geschäfte. In wenigen Städten kann man eine so verkehrsreiche Strasse sehen, mit seinen doppelseitigen Parkplätzen und auf der anderen Seite die Touristenschiffe gegenüber den modernen und luxuriösen Gebäuden.

Nicht weit vom *Paseo Marítimo* befindet sich *El Pueblo Español*. In dem ummauerten Gebiet mit seinen Türmen und Zinnen hat man das Typischste und Characteristischste von Spaniens Festland zusammengestellt. Über hundert architektonische und wertvolle Bauten von verschiedenen Stilen und Epochen wurden ausgesucht, getreu nachgebildet, geordnet und es ist unmöglich hier eine Aufzählung derselben wiederzugeben. Nebenan wurde der monumentale Kongresspalast errichtet, ein Gebäude mit grossem Fassungsvermögen, in welchem Kongresse und Versammlungen internationaler Art abgehalten werden. Angebaut an diesen riesigen Palast ist ein romanisches Freilichttheater.

Ein weiterer grosser Fortschritt des modernen *Palma* ist die Autobahn, eine breite Strasse, welche am Hafen und *Paseo Sagrera* beginnt und durch Gelände führt das dem Meer abgewonnen wurde, und den Anfang der neuen Meerpromenade nach Osten bildet, welche am Rand von *Playa de Palma* entlangführt und in *Arenal* endet.

Ein besonderer Anblick bei Nacht ist das *Palma*, das sich auf den zwei Seepromenaden zusammendrängt: Auf der Ostseite 5 km nach *Playa de Palma* zwischen *Ca'n Pastilla* und *El Arenal*. Auf der Westseite 7 km von *Paseo Sagrera* ab über *Paseo Marítimo* und *Cala Mayor* bis *Ca's Catalá*. Seepromenaden sind prachtvolle Spazierwege und haben einen starken Verkehr von Autos und Fussgängern, mit ihrer nicht endenden Reihe von Hotels, Bars, Kaffees, Restaurants, Nachtlokalen u.s.w., welche mit ihrer grossartigen Beleuchtung das lebhafte Treiben der Stadt während der Sommermonate austrahlen.

Club Marina in *Porto Pi*

Kreuzer *Elisabeth 2* im Hafen

Kreuzer *Canberra* (46.000 Tonnen) beim Auslaufen aus dem Hafen

Hafen der Transatlantikkreuzer

Internationaler Flughafen von *Son Sanjuán*

Autobahn zum Flughafen

V.—DIE UMGEBUNG DER STADT

Autobuslinien verbinden die Altstadt mit den modernen Stadtteilen sowie mit der weiteren Umgebung. Die für den Touristen wissenswertesten Verbindungen sind die folgenden: Ab *Plaza de la Reina* (am Ende des *"Borne"*): Nach *El Terreno*, *Porto Pi*, *Ca's Catalá* und *Génova*, sowie nach den im Westen gelegenen Touristenzentren und Badestränden *Illetas*, *Portals Nous* und *Palma Nova*.

Ab *Plaza de España*, mit Halt an der *Plaza Pío XII*, durch die *Jaime III* Strasse: Nach den Touristenzentren und Badesträndchen *Magalluf*, *Santa Ponsa*, *Paguera*, *Camp de Mar* und *Puerto de Andraitx*.

Nach Osten führen reguläre Linien ab der Endstation beim *Sóller*-Bahnhof nach *Coll d'en Rabassa* u. *Ca'n Pastilla*. Jene nach *Coll d'en Rebassa*, *Plaza de Palma* u. *El Arenal* fahren ab der "Calle de Honderos", an der Ecke zur Avenue *General Primo de Rivera*.

EXCURSION NACH GENOVA UND NA BURGUESA. — In 6 km Entfernung von der Stadt, über liebliche Hügel verstreut, schmiegen sich malerische Bauernhäuser und moderne Villen in die ländliche Landschaft. Vom freundlichen Dorfkern aus steigt eine 3 km lange Strasse hinauf zur Kapelle von *Na Burguesa*, mitten in den Bergen auf 300 m Höhe gelegen, mit einer

ANSICHTEN DES SCHLOSSES *BELLVER*

Eingang zum Schloss *Bellver*

grossartigen Aussicht zum Schloss *Bellver* hinüber und über das ganze Panorama der Landschaft um *Palma* samt Bucht und der in der Ferne sich ausbreitenden Stadt.

DAS BELLVER-SCHLOSS. — Zu den lohnendste und leichtest durchführbaren Exkursionen in der Umgebung der Stadt gehört jene nach dem *Bellver*-Schloss, das alljährlich von ca. 200.000 Besuchern aufgesucht wird. Leicht zu erreichen mit einer der ab *Plaza de la Reina* gegen Westen fahrenden Autobuslinien. Aussteigen an einer Haltestelle in *Son Armadams*. Von da aus führt eine ca. 1 km lange moderne Strasse durch lichten Wald nach dem Schloss, das auf einer 140 m hohen Hügelkuppe liegt. Dort gibt es gute Parkplätze. Ein anderer Aufstieg führt direkt von der im *El Terreno* gelegenen *Plaza Gomila* zum Schloss.

Es stammt aus dem 14. Jahrhundert und wurde auf Befehl König Jaime II. von Mallorca unter der Leitung von Pedro Salvá errichtet. Das Schloss diente den Königen von Mallorca als Sommerresidenz. Als die Herrscher jedoch in der Schlacht von *Lluchmayor* im Jahre 1349 geschlagen worden waren, wurde es in ein Gefängnis für die Familie Jaimes III. verwandelt,

Der Eingang von der *Torre del Homenaje* aus

Innenhof des Schlosses

nachdem der König selbst im Kampf gefallen war. Juan I. von Aragonien zog sich dann 1395 mit seinem Gefolge auf der Flucht vor einer Epidemie in Kastalonien nach Bellver zurück. Im Jahre 1521 wurde das Schloss durch die Agermanats belagert und erobert. Es diente fortan als Gefängnis für politische und später auch kriminelle Elemente. Zu Beginn des 19. Jahrhundert beherbergte es eine grosse Zahl von französischen Gefangenen aus dem Unabhängigkeitskrieg. Dort war auch von 1802 bis 1808 der berühmte Jovellanos gefangen. Wahrend dieser Zeit schrieb er seine besten Werke. Eine Gedenktafel in der von ihm bewohnten Zelle und seine Büste im Park erinnern uns noch heute an den Aufenthalt des ausgezeichneten Schriftstellers in *Bellver*. Am 5. Juli 1817 wurde auf dem Schloss der *General Lacy*, ein Liberaler jener Zeit, erschossen. 1824 starben dort ebenfalls die unvergesslichen Patrioten *Bonet* und *Coll. Bellver* wurde 1852 von der Herzogin von Montpensier, 1860 von der Königen Isabella II, und 1903 von König Alfons XIII., besucht.

Nach Jovellanos ist *Bellver* eine der schönsten Baulichkeiten aus dem 14. Jahrhundert. Es ist recht gut erhalten. Es hat Rundform und vier Türme und weitere vier hervortretende Türmchen. Ein doppelter Festungsgraben umgibt das Schloss. Die äusseren Verteidigungslinien stammen aus dem 17. Jahrhundert und wurden errichtet, als *Bellver* mit Artillerie bestückt wurde. In der Mitte des grossen, ebenfalls runden Innenhofes befindet sich ein Brunnen. Alle Räume sind durch einen breiten zum Innenhof offenen Korridor verbunden. Sein Erdgeschoss hat halbrunde Bögen und im Obergechoss, im zum Teil renovierten Innern finden wir eine Kapelle mit altem Holzgitter.

Getrennt vom Hauptgebäude befindet sich der Ehrenturm (*Torre del Homenaje*), welcher durch eine Brücke mit der grossen Terrasse verbunden ist. In ihm befindet sich eine Anzahl übereinanderliegender, finsterer Zellen, deren innerste als eingize Verbindung mit der Aussenwelt nur ein rundes Loch in der Decke hat, welches sowohl als Tür wie auch als Fenster dienen musste. Diese Zelle trägt den Namen *La Olla* (runder, tiefer Topf).

Von der Terrasse oder besser noch von dem höchsten Turm hat man eine herrliche Aussicht über die ganze Bucht bis zur Insel *Cabrera* und ferner über Stadt, Hafen, *El Terreno*, *Porto-Pi* und im Hintergrund die Bergkette mit ihren Gipfeln.

Der Wald und das Schloss sind heute Eigentum der Stadt. In den weiten Sälen ist das Städtische Museum eingerichtet.

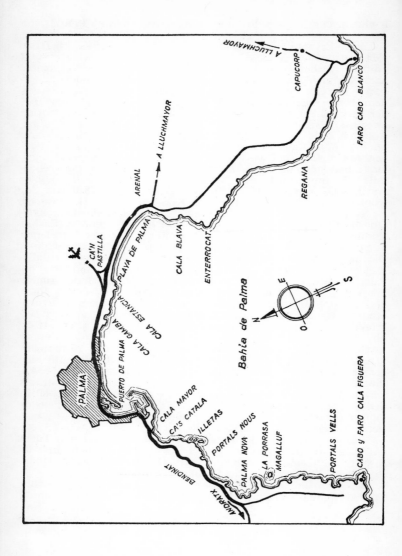

Cala Mayor

AUSFLUG AM MEER ENTLANG. — Die Bucht von *Palma* von *Cabo Blanco* bis *Cala Figuera* hat zwischen diesen zwei äussersten Punkten mit ihren Leuchttürmen, welche den Zugang anzeigen, eine Küstenlinie von ungefähr 60 km. Die Stadt *Palma* hat eine Küstenlänge von 20 km, die eine Terrasse über dem Meer bildet, die sich von *Ca's Catalá* bis zum *Arenal* immer am Meer entlang ausdehnt, und an vielen Stellen sogar auf dem Gelände, das dem Meer abgerungen wurde.

Beide Punkte sind verbunden durch eine prachtvolle Allee. Nehmen wir als Ausgangspunkt den Eingang zur Altstadt, wo die Gebäude der Hafenverwaltung stehen und das Denkmal des grossen Mallorquiner Ramón Llull, so können wir zwei herrliche Spaziergänge ausführen ohne den Kontakt mit dem Meer zu verlieren einen nach Osten und den anderen nach Westen.

Beide Ausflüge, einer so interessant wie der andere, können an einem Vor- oder Nachmittag ausgeführt werden. Im Sommer ist grosser Wettbewerb zwischen beiden Zonen mit Verbindungen und Attraktionen wetteifern sie miteinander um die meisten Gäste zu ihren Stränden zu bringen.

ENTLANG DER WESTKÜSTE. — Vom genannten Punkt ausgehend finden wir uns am *Paseo de Sagrera* mit den *Consulado del Mar*, welches schon beschrieben wurde.

Strand von *Illetas*

Strand von *Portals Nous*

Palmanova

Es folgt ein grosser Platz mit Gärten, daneben der *Club Náutico*, ein Zeugnis der grossen Begeisterung für den Wassersport der Mallorquiner, ein moderner Bau mit herrlichen: "Gesellschaftsräumen", Terrassen und Anlegestellen für über 1.000 Schiffe darunter Hunderte von Jachten die Mehrzahl ausländische.

Anschliessend kommen wir zu dem 3 km langen *Paseo Marítimo*, der Verbindung zwischen dem Handelshafen und der grossen Überseemole. Auf der Uferseite steht eine Reihe neuerhoher Gebäude grossenteils moderne Hotels der besten Kategorie. Im Gegensatz zu diesen neuen Gebäuden befindet sich am Ende der Promenade der Turm de *Pelaires*. Altes geschichtliches Denkmal aus dem 14. Jahrhundert. Während vielen Jahrhunderten diente er der Verteidigung von *Porto 'Pi*, dem ursprün Hafen von *Palma*. Heute ist er vom Meer getrennt durch den Bau der Hafenmole, wo die grössten Übersseedampfer der Welt anlegen.

Nach diesem Turm geht die breite Allee weiter mit einer Abzweigung zum Westdeich mit seinen Anlegestellen von 2 km länge für Frachter mit grossem Tiefgang. Die Allee führt weiter zur Strasse von *Andraitx*. Überall finden wir eine Fülle von Hotels, Apartments, Geschäften, Bars, Büros u.s.w. mit umfangreichem Verkehr.

Bei km 5 befindet sich der Palast *Mar i Vent*, die Stiftung von Saridakis, einem Liebhaber von Mallorca, welcher diesen

Magalluf

Santa Ponsa

Mallorquinische Bauern

Hafen von *Soller*

Santa Ponsa

Palast mit Museum und herrlichen Gärten den Mallorquinern hinterliess, um sie dem Publikum zugänglich zu machen. Zwischen km 6 und 7 liegen der kleine Strand von *Cala Mayor,* der Stadtteil *San Agustín* und der von *Ca's Catalá.* An diesem Punkt ist das Ende der Gemeinde *Palma.*

Es lohnt sich den Spaziergang fortzusetzen über die gleiche Strasse, welche durch *Portals* führt (Km 9), bis zum Km 14, um in *Palma Nova* halt zu machen, einem Touristengebiet mit Hotels, schönem Strand und vielen Strassen zwischen dichten Pinien. Wenn wir die Hauptstrasse weitergehen, immer am Meer entlang etwa 1 km, kommen wir nach *Magalluf,* einem weiteren Touristenzentrum, welches die Fortsetzung des vorhergehenden ist. Diese Strasse geht weiter zwischen Pinien und Badesträndern mit weissem, feinen Sand. Weiter am Meer entlang kommen wir nach *Portals Vells* und fast bis zum Leuchtturm von *Cala Figuera.* Hier endet der Spaziergang entlang der Westküste der Bucht von *Palma.* Während des Sommers ist an diesen Stränden Hochbetrieb. Es ist manchmal schwierig, Plätze in den Linienbussen zu bekommen. Und auch die Plätze am Strand sind sehr besetzt.

← *Cala Pi*

← Schloss *Bellver*

Ca'n Pastilla

Ca'n Pastilla

Promenade in *El Arenal*

ENTLANG DER OSTKÜSTE. — Wenn wir den gleichen Ausgangspunkt von *Paseo Sagrera* nehmen, gehen wir in entgegengesetzter Richtung die breite Allee am Meer entlang. Dies ist auch der Anfang der Autobahn nach dem Flughafen. Von hier aus können wir den monumentalen Komplex, oberhalb der Stadtmauer bewundern, mit dem gotische Palast *La Almudaina*, der Kathedrale, dem Bischofspalast und den Adelplästen *La Portella*. Nach 2 km sind wir am Fischreihafen *Portitxol* angelangt und können entweder die Autobahn weitergehen oder *El Molinar* und *Coll d'en Rabassa* durchqueren. Beide Wege führen nach *Ca'n Pastilla* (7 km) einem Touristenzentrum, welches im Sommer wegen des grossen Andrangs aussieht wie das Zentrum einer grossen Stadt. An diesem Punkt beginnt die breite 5 km lange Allee, welche auf einer Seite am Strand von *Palma* entlangführt und auf der anderen Seite ein Hotel am anderen hat mit Bars und Geschäften für jeden Geschmack. Sie endet in *El Arenal* 12 km von *Palma* entfernt. Dieser 5 km lange Strand ist während des Sommers sehr belebt, dank der Stadtnähe und der guten Autobusverbindungen.

· Ungefähr auf halbem Weg nach *Ca'n Pastilla-Arenal* und nicht weit vom Ortskern gelegen, finden wir die Kirche *La Porciúncula* des Franziskanerordens, dem der grosse Philosoph Ramón Llull und der aus Kalifornien stammende Evangelisator Fray Junípero Serra angehörten. Die fast ultramodern anmu-

Ca'n Pastilla

El Arenal

Club Náutico El Arenal

tende Konstruktion der Kirche ist interessant. Sie liegt in einem
natürlichen Park, basiert auf der klassischen Gotik, hat Wände
aus Glas und wurde in dieser originellen Art vom Architekten
Ferragut entworfen. Sie ist wohl das momentan modernste,
was wir an Bauwerken religiöser Richtung besitzen.

Wenn wir diesen Ausflug erweitern wollen, können wir immer der Strasse folgend, immer mit dem Blick zum Meer über
Cala Blava, Enterrocat und *Regana* bis zum Leuchtturm *Cabo
Blanco* (32 km) kommen. Dieser letzte Teil ist nicht so interessant und belebt wie die ersten 12 km. Ungefähr 3 km nördlich
von *Cabo Blanco* entfernt, auf der Strasse nach *Lluchmayor*,
befindet sich das vorgeschichtliche Dorf von *Capucorp*. Wir
können den Besuch allen Gästen empfehlen, die sich für diese
primitiven Konstruktionen interessieren. Diesen Ausflug kann
man noch fortsetzen, indem man denselben bis *Cala-Pi* ausdehnt. Ausserhalb der Bucht von *Palma*, etwa 7 km auf herrlicher Landstrasse, vorbei an *Cabo-Blanco*, fahren wir dieselbe
Landstrasse, nach *Vallgorne*. Und fahren immer rechts bis
nach *Cala Pi*, einem bezaubernden Strand, der am Ende einer
tiefen und engen Bucht liegt. Ihrer Farbenpracht und ruhigen
Wassers wegen kann man sie als einen der schönsten Plätze
auf der Insel bezeichnen.

Typische mallorquinische Kueche

Sini (Typischer mallorquinischer Schoepfbrunnen)

III. Kapitel

AUSFLUGE AUF DER INSEL

So kurz der Aufenthalt auf Mallorca auch sein mag, er sollte sich nicht auf die Besichtigung der Stadt beschränken. Man nehme vielmehr an einem der Ausflüge über die Insel teil, die alle, wohin sie auch den Fremden führen mögen, sehr interessant und lohnend sind. Ohne einen Ausflug mitzumachen, kann man keinen richtigen Eindruck von Mallorca bekommen. Ein ausgedehntes Strassennetz von fast 2.000 km Länge bietet die Möglichkeit, je nach Wunsch und Geschmack des Besuchers die Insel in vielen Richtungen zu durchstreifen. Das angenehmste ist natürlich mit eigenem Wagen zu fahren, von denen jährlich Tausende von den Touristen auf die Insel mitgebracht werden. Es gibt aber auch in *Palma* Firmen, die Autos mit 2 bis 6 Plätzen an Selbstfahrer vermieten. Auch Motorräder können gemietet werden.

Ferner besteht eine Organisation, die den Fremden Ausflüge über die Insel mit Einzelbillet, in dessen Preis alles inbegriffen ist, ermöglicht Grosse Touristenbusse holen morgens zwischen 9 und 10 Uhr die Teilnehmer an den bedeutendsten Hotels ab und bringen sie abends zurück. Jeden Montag und Donnerstag geht die Fahrt nach *Valldemosa* und *La Cartuja, Deyá* und *Sóller;* jeden Mittwoch und Sonntag nach *Manacor, Drach*-Höhlen und *Hams*-Höhlen; jeden Dienstag und Freitag nach *Pollensa* und *Formentor* und jeden Sonntag ausserdem zu dem Höhlen von *Artá* besuchen in einem ganztägigen Ausflug oder nur nachmittags an den Strand von *Camp de Mar* fahren. Jeden

Dienstag und Samstag finden auch Fahrten nach *Lluch* und *Torrent de Pareis* statt. Diese mit vielen bequemen Omnibussen unter Führung von Dolmetschern duchgeführten Ausflüge werden im Sommer noch verstärkt und auch nach anderen Orten geleitet Die Fahrscheine können in den jeweiligen Hotels bis spätestens am Vorabend der Fahrt gelöst werden. Auch sind sie in den Reisebüros und beim *Fomento del Turismo* erhältlich.

Wenn man keinen eigenen Wagen hat, kann man sich auch mit 5-6 Personen zusammentun und in einer Garage oder an einer Haltestelle einen Mietwagen nehmen. Einzelne Fahrer sprechen französich. Man sollte den Fahrspreis im voraus festlegen. Der behördlich genehmigte Preis beträgt z.Zt. 5-6 Peseten pro Km. Dieses Verfahren erlaubt Aufenhalte an Orten zu vermeiden, die den Reisenden nicht interessieren. Auch kann man Länger an Stellen verweilen, deren schönes Panorama man bewundern möchte. Ebenso kann man die Gelegenheit benutzen, an der Landstrasse liegende, typische mallorquiner Häuser oder Herrensitze zu besichtigen. Diese letzteren sind meist prächtige Paläste aus dem 17. und 18. Jahrhundert mit herrlichen Fassaden und Innenhöfen, oft mit Parks und Garten. Jeder dieser hier beschriebenen Ausflüge lässt sich im Frühling und Sommer an einem Nachmittag durchführen. Bei voller Ausnutzung der Wagenplätze ist diese Art der Durchführung der Ausflüge nicht allein die praktischste und bequemste sondern auch noch die billigste.

Während des ganzen Sommers, wenn das Wetter es erlaubt, werden in bequemen Booten regelmässige Seeausflüge entlang der Westküste veranstaltet. Die Abfahrtstelle liegt im Hafen von *Palma* gegenüber *La Lonja*. Man kann auf diese Weise einige angenehme Stunden auf dem Meer verbringen und am Strand von *Palma-Nova, Magalluf*, u.s.w. baden.

Wer die Berge liebt, kann grossartige Bergtouren machen, die im einzelnen in einem Abschnitt am Ende des Buches behandelt werden.

Wir geben keine Einzelheiten über Fahrpläne und Preise all dieser Ausflüge, weil diese zu Beginn jeder Saison neu festgesetzt werden.

BADESTRANDE UND ANDERE
AUSFLUGSZIELE MIT IHRER ENTFERNUNG
VON PALMA

Alcudia (Ortschaft)	53 km.
Atalaia de las Animas (Aussichtspunkt)	26 »
Gärten von Alfabia	17 »
Arenal (Badestrand)	12 »
Bañalbúfar (Ortschaft)	24 »
Biniaraitx (Ortschaft)	32 »
Cala d'Or (Badestrand) ... ... :..	78 »
Cala Bona (Badestrand)	70 »
Cala Figuera (Badestrand)	55 »
Cala Millor (Badestrand)	70 »
Cala Murada (Badestrand)	62 »
Cala Ratjada (Badestrand)	80 »
Cala San Vicente (Strand)	60 »
Camp de Mar (Badestrand)	26 »
Calobra (Strand)	71 »
Ca'n Pastilla (Badestrand)	7 »
Ca'n Picafort (Badestrand)	64 »
Cuevas de Campanet (Höhlen)	37 »
Cuevas de Génova (Höhlen)	5 »
Cuevas del Drach (Höhlen)	63 »
Cuevas de Artá (Höhlen)	81 »
Cuevas dels Hams (Höhlen)	61 »
Deyá (Ortschaft)	32 »
Estallenchs (Ortschaft)	32 »
Formentor (Badestrand)	70 »
Galilea (Bergdorf)	21 »
Illetas (Badestrand)	8 »
Lluch (Kloster)	47 »
Lluchalcari	31 »
Manacor (Ortschaft)	50 »
Magalluf (Badestrand)	15 »
Miramar	22 »
Orient	26 »
Palma Nova (Badestrand)	14 »
Paguera (Badestrand)	13 »
Pollensa (Ortschaft)	53 »
Puerto de Alcudia (Hafen u. Strand)	55 »
Puerto de Andraitx (Hafen)	34 »
Puerto de Sóller (Hafen u. Strand)	35 »
Porto Colom (Strand)	61 »
Porto Cristo (Badestrand)	62 »
Porto Petro (Badestrand)	58 »
Randa (Gebetsstätte)	36 »
Gärten von Raxa	13 »
San Salvador (Berg mit Heiligtum)	57 »
San Telmo (Badestrand)	37 »
Santa Ponsa (Badestrand)	19 »
Son Marroig	24 »
Son Sanjuán (Flugplatz)	9 »
Sóller (Ortschaft)	30 »
Sóller (Ortschaft)	30 »
Torrent de Pareis (Strand)	70 »
Valldemosa (Ortschaft)	19 »
Valldemosa (Eremitage)	22 »

MALLORCA

Haeuser in *Santa Ponsa*

Santa Ponsa. Erinnerungskreuz an die Landung des Königs Jaime I

Paguera

Die Zentren dieser dem Fremdenverkehr dienenden Ansiedlungen liegen bei *Portals Nous* (Kilometer 10), *Palma Nova* und *Magalluf* (Kilometer 13-14), und *Santa Ponsa* (Kilometer 17). In *Santa Ponsa* finden wir noch Reste gotischer Befestigungen und einen Palmengarten. Bei Kilometer 23 durchfahren wir *Paguera* und etwas weiter an der Küste *Cala Fornells*. Beide Orte bestehen aus schönen, direkt am Meer gelegenen Villen und Wohnhäusern. Weiter bei Kilometer 25,5 erreichen wir den feinen Sandstrand von *Camp de Mar*.

An unserem Weg liegen viele historische Stätten. Am 10. September 1229 landete in *La Caleta* von *Santa Ponsa* König Jaime I, der Eroberer, mit seinem ganzen Heer. Ein grosses Steinkreuz erinnert an diese glorreiche Landung. Hier begann die Eroberung der Insel mit verschiedenen Kämpfen. In der Schlacht den *Coll de la Batalla* bei Kilometer 16 verloren die beiden Brüder *Moncada* ihr Leben. In der Nähe, im Innern eines kleinen aber modernen Gebetshauses, befindet sich der heilige Stein *Piedra Sagrada*, der einst dem Bischof von *Barcelona*, Berenguer de Palou, bei seiner ersten Messe auf mallorquiner Boden als Altar diente. Nach längerer Belagerung durch das christliche Heer fiel die Stadt bei einem Sturmangriff am 31. Dezember 1229.

In einer Entfernung von 30 km von *Palma* kommen wir nach *Andraitx*, einem Ort mit 6.000 Einwohnern, welcher in

Camp de Mar

Hafen von *Andraitx*

Insel *La Dragonera*

einem geschützten Tal liegt und Ausgangspunkt für interessante Ausflüge ist. Die wichtigsten führen nach *S'Arracó* und *San Telmo* (7 km.) und von dort aus nach *La Trapa*. Ein anderes Ziel ist der 5 km entfernte Hafen. Von ihm oder von *San Telmo* aus kann man zu der Insel *La Dragonera* (7 km lang, höchster Punkt 300 m.) fahren, die von *Mallorca* durch einen etwa 7 km breiten Meeresarm getrennt ist. Auf der äussersten westlichen Spitze dieser Insel steht ein starker Leuchtturm.
Bei dieser Fahrt empfehlen wir die Landstrasse schon bei Kilometer 25,5 zu verlassen und links abbiegend über *Camp de Mar* direkt zum Hafen von *Andraitx* (5 km) zu fahren. Von dort gelangen wir dann zu dem wieder etwa 5 km entfernten Ort *Andraitx*. An den genannten Orten finden wir überall gute Hotels und Restaurants.

Die Entfernung zwischen *Andraitx* und *Estallenchs* beträgt 18 km. Die Strasse führt von der Ortsmitte etwa 5 km ansteigend über *Coma Freda* zum *Coll de Sa Gramola*, wo man das Meer erblickt. Nach Verlassen der steilen Küste bei *Cap Fabiolé* führt uns die modern angelegte Landstrasse in grosser Höhe durch dichte Pinienwälder. Ein Blick von dem über dem Tunnel *El Grau* gelegenen Aussichtspunkt, *Mirador Ricardo Roca*, zeigt uns die ganze Grossartigkeit des Mittelmeeres. Überhaupt haben wir auf der ganzen Strecke eine herrliche Fernsicht.

Kueste von *Estalienchs*

Aussichtsturm Ricardo Roca (zwischen *Andraitx* und *Estallenchs*)

Bañalbúfar

Estallenchs ist ein kleines, malerisches Dörfchen, welches am Bergabhang liegt und auch Ausgangspunkt für Ausflüge ins Gebirge oder über das Meer ist.

Folgt man der Landstrasse weiter, so findet man kurz vor *Bañalbúfar*, auf einem der Steilhänge den alten Wachtturm *Atalaia de las Animes*. Dieser diente seinerzeit zur Warnung vor Einfällen maurischer Seeräuber, indem man gegen Abend grosse Scheiterhaufen anzündete. Die ganze Insel war von unzähligen Verteidigungstürmen dieser Art umgeben, die untereinander jeweils in Blickverbindung standen. Durch das Feuer auf den Türmen wurden die Einwohner vor der drohenden Gefahr gewarnt. Von dem vorgenannten Turm aus hat man eine herrliche Sicht auf das ganze Küstenpanorama zwischen *La Dragonera* und *Sóller*.

Bañalbúfar ist 18 km von *Estallenchs* entfernt. Es liegt ebenfalls an einem Steilhang und ist ein Beispiel dafür, was Menschenhand vermag. Denn durch Anlage von Terrassen am Berg schuf man reiche Tomatenkulturen. Von diesem Dorf aus kann man zu dem nahegelegenen *Port d'Es Canonge* und zum Meer gelangen.

Durch grosse Wälder und mit Blick aufs Meer führt uns die Landstrasse am Gebirge entlang bis zu einem Punkt, an dem sich das Landschaftsbild plötzlich ändert. Wir kommen durch dichte Olivenhaine, das Meer verlassend, wieder in das

Esporlas. Galerie der *Granja*

Innere der Insel und sehen an der Strasse den Herrschaftssitz *La Granja* mit herrlichen Gärten und Wasserspielen. Nun erreichen wir der Chaussee folgend das 14 km von *Palma* entfernt liegende *Esporlas*. Etwa 3 km vom Ort entfernt liegt *Canet*, ein Gut mit bemerkenswerten Gärten und Teich. Über *Coll d'en Portell*, von wo man schon die Hauptstadt sieht, führt uns die Strasse durch Oliven- und Mandelgärten, vorbei an den interessanten Herrschaftshäusern *Sarriá* und *Bunyoli*, nach *Establimens*. Sehenswert in diesem Vorort ist *Son Vergues*, ein Herrensitz mit Galerie und herrlichen Gärten in reinem mallorquiner Stil. Von hier kehren wir nach *Palma* zurück.

Die in *Andraitx* beginnende Strasse führt immer den Bergen der nördlichen Gebirgskette entlang über *Sóller*, *Lluch* und *Pollensa* zum anderen Ende der Insel nach *Alcudia* (Entfernung etwa 100 km). Aus grosser Höhe gewährt diese Strasse einzigartige Ausblicke aufs Meer. Am Strand der Bucht von *Alcudia* endet dann diese herrliche Strecke.

Hafen von *Soller* →

Typisches mallorquinisches Haus →

2. Ausflug: PALMA - VALLDEMOSA - MIRAMAR - DEYA - SOLLER - HAFEN VON SOLLER - PASS VON SOLLER - ALFABIA - RAXA - PALMA (Rundfahrt: 78 km)

Diese Rundfahrt kann man sowohl mit einem Mietwagen als auch mit einem der regelmässig dafür eingesetzten Ausflugs-Omnibusse machen. Schon zu Beginn der Fahrt durchquert die Landstrasse meist mit Mandelbäumen bepflanztes Land. Bei Kilometer 10 am Bauernhof *S'Esglaieta* trifft man die ersten Olivenbäume, die z. Teil tausend Jahre alt sind. Das Landschaftsbild ändert sich dann vollkommen bei Kilometer 13. Zwei grosse Felsen bilden dort einen Engpass *(S'Estret)* und mit ihm beginnt die Gebirgszone. Die Landstrasse steigt nun an und wir lassen zur Linken das *Son Brondo*-Tal mit seiner üppigen Vegetation liegen. Nach einer Fahrt von 17 km erreichen wir *Valldemosa*, ein freundliches, in 400 m Höhe gelegenes Dörfchen. Durch seine günstige Lage nahe bei *Palma* und zudem von Bergen umgeben, die sein kühles Klima im Sommer bedingen, ist es immer als Aufenthaltsort von gutsituierten Leuten bevorzugt worden.

Das königliche Kartäuserkloster von *Valldemosa* wurde im Jahre 1399 von König Martín de Aragón gegründet. Der Kreuzgang der Heiligen María und die ihn umgebenden Bauten stammen aus dem 17. Jahrhundert und sind der älteste Teil. Die Kirche und der Kreuzgang des Klosters aus dem 18. Jahrhundert sind sehenswert. Das Gotteshaus zeigt neoklassischen Stil und ist mit Fresken von Fray Bayeux geschmückt. Es

← Muehle von *Santa María*

← *Camp de Mar*

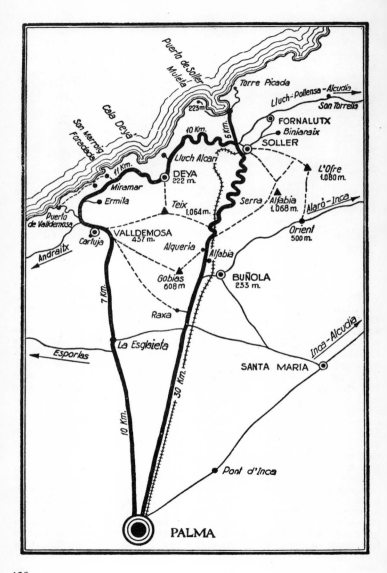

Valldemosa. La Cartuja

besitzt unter anderen bemerkenswerten Gegenständen ein vom Bildhauer Adrián Ferrán geschaffenes Altarbild "La Piedad" am Hochaltar. In der Sakristei befinden sich ein Reliquienschrein, wertvolle Gold- und Silberstickereien und eine Altarvorderseite. In der alten, am Kreuzgang gelegenen Apotheke finden wir heute noch unversehrt alle Gefässe und Flaschen aus dem 17. Jahrhundert mit ihren Arzneimitteln, so wie sie die Kartäusermönche, die das Gebäude bis 1835 bewohnten, benutzten. Von dem gewaltigen Korridor gelangt man zu den geräumigen Zellen. In einer derselben wohnte im Winter 1838-1839 die bekannte Schriftstellerin George Sand mit ihren Kindern zusammen mit dem berühmten Musiker Chopin, der dort seine herrlichen Präludien schuf.

In *Valldemosa* wurde auch im 16. Jahrhundert die mallorquiner Heilige *Catalina Tomás* geboren. Ihr Geburtshaus sowie zahlreiche Andenken sind noch erhalten.

Bei *Valldemosa* liegen eine Reihe von Gütern mit ihren Herrschaftshäusern. Die hauptsächlichsten sind: *Pastoritx, Son Gual, Son Moragues, Son Ferrandell, Son Mas del Pla del Rei*, u.s.w., ferner die des Erzherzogs in *Miramar. Valldemosa* ist auch ein Ausgangspunkt für viele Ausflüge ins Gebirge, deren Beschreibung hier zu weit führen würde. Auch kann man zu dem sogenannten Hafen am Meer hinabsteigen, der eigentlich nur für Fischerboote geeignet ist.

La Cartuja. Zelle Museum Chopin George Sand

La Cartuja. Zelle Museum Chopin George Sand

132

La Cartuja. Apotheke der Kartaeusermoenche

Wir verlassen nun *Valldemosa* und folgen der Landstrasse in Richtung *Deyá*. Nach 3 km Fahrt auf der hoch über dem Meer gelegenen Küstenstrasse erreichen wir *Miramar*. Mit diesem Namen bezeichnet man nicht nur das Gutshaus sondern eine weite Zone von ungefähr zwölf Anwesen, welche der Erzherzog von Österreich, Ludwig Salvator, erwarb und die zu Ende vergangenen Jahrhunderts ein einziges Besitztum mit unermesslichen Wäldern darstellten. Zahlreiche Pfade durchkreuzen das Gebiet und verbinden die herrlichen Aussichtspunkte, die der geniale Künstler dort am Bergabhang anlegen liess, um die Grossartigkeit des Meeres und der Küste bewundern zu können. Wir empfehlen dem Besucher, mindestens einen dieser zum Meer Heraussagenden Aussichtspunkte zu besteigen Bei Kilometer 1 liegt fast an der Landstrasse *Ses Pites*. Hier kann man einen Eindruck davon gewinnen, wessen Geisten Kind der Erzherzog war. In der Art dieses Miradors gibt es noch Dutzende, doch wir können sie nicht alle aufführen.

Bei Kilometer 20 zweigt rechts der Weg nach einer Einsiedlerei *(Ermita)* ab, die eine halbe Stunde entfernt mit schönem Ausblick auf das Meer und grossen sie umgebenden Wäldern liegt. Dort findet der Fremde immer liebenswürdige Aufnahme von Seiten der Einsiedler. Auf einem Pfad, der bei Kilometer 20.5 von der Landstrasse abgeht, kann man zum Hafen von *Valldemosa,* und nach *S'Estaca, Font Figuera* und *Na Foradada* gelangen. Im Haus *Miramar* findet man heute noch einige Ge-

genstände aus der Kunstsammlung des Erzherzogs und ein gotisches Altarbild. Dort errichtete Ramón Llull im 13. Jahrhundert die berühmte Schule für orientalische Sprachen "Escola de Llengües Orientals".

Bei Kilometer 24 kommt man zu dem schönen, an der Landstrasse gelegenen Gut *Son Marroig*, wo noch viele Erinnerungen an den Erzherzog erhalten sind wie z.B. ein kleiner Marmortempel und ein Aussichtspunkt mit wundervollem Blick auf *Na Foradada.* Es folgt bei Kilometer 25 *Sa Pedrissa* und bei Kilometer 28 das entzückende Dorf *Deyá,* welches sich an einem Hügel hinzieht und typische mallorquiner Häuser hat.

Wegen seiner besonderen Lage ist *Deyá* Ausgangspunkt für zahlreiche Gebirgstouren, von denen die auf den *Teix,* einen Berg von über 1.000 m Höhe, sehr lohnend ist. Am Meer liegt *Son Bujosa* und *La Cala,* ein hübscher kleiner Strand in 2 km Entfernung von dem Ort.

Einen Kilometer weiter an der Strasse sehen wir eine typische Häusergruppe mit Gärten, genannt *Lluchalcari,* ein von bekannten Malern bevorzugter Ort. Nach 38 km Fahrt erreichen wir dann das bekannte Apfelsinental (Valle de los Naranjos) mit der 10.000 Einwohner zählenden Stadt *Sóller.* Hier wohnt eine grosse Anzahl wohlhabender Leute, die durch Fruchtgeschäfte in Frankreich und Belgien zu Geld gekommen sind. Als äusseres Zeichen des Reichtums finden wir moderne Bauten in herrschaftlicher Art.

Deyá. Son Marroig

SOLLER. — Auch von hier aus kann man schöne Ausflüge machen. In 1 km Entfernung liegt das Gut *Son Angelats* mit seinen Gartenanlagen. Auch kann man *Sa Font de S'Olla* oder *Pujol d'En Banya* und *Tres Creus* besuchen. Letztere sind zwei oberhalb des Ortes gelegene Anhöhen. Zum *Puig Mayor* zieht sich ein grünes Tal hin, in welchem das Dorf *Fornalutx* (5 km) mit seinen typischen, steilen Steinstrassen liegt. Nicht weit davon ist *Binibassi* und *Biniaraitx*, von wo der Aufstieg durch *El Barranc* zu den Häusern von *L'Ofre* (500 m) gemacht werden kann. Von hier gelangt man auf die Spitze des *L'Ofre* (1.090 m).

Nachstehend führen wir die hauptsächlichsten Bergtouren auf, die von *Sóller* auf meist steilen Gebirgsfaden gemacht werden können. Lohnend ist die von *Balitx* der Küste folgende Strecke über *La Calobra* und *Torrent de Pareis*. Dieser etwa 6 stündige Fussmarsch führt uns durch eine malerische Landschaft.

Die interessanteste Bergtour von *Sóller* aus ist auf den *Cornador*. Vom Friedhof führt ein Pfad zu einigen in 600 m Höhe gelegenen Häusern, genannt *Ses Piquetes de S'Arron*. Von hier aus führt ein Fussweg zum *Cornador* (915 m), von dessen Aussichtspunkt *Joaquín Quesada* man das ganze Tal von *Sóller*, *Fornalutx* und *Biniaraitx* überblickt. Im Umkreis liegen die Höhen der Gebirgskette mit dem *Teix, Serra de Alfabia, L'Ofre* und *Puig Mayor*. Man kann in anderer Richtung absteigen, und zwar zu den Häusern von *L'Ofre* und von dort durch den *Ba-*

Deyá

Hafen von *Soller*

Hafen von *Soller*

rranc nach *Biniaraitx* und *Sóller*. Der gute Weg erlaubt es einem, diese etwa 20 km lange Tour in 6-7 Stunden zu Fuss zu machen.

Von *Sóller* fahren wir zu dem 5 km entfernten Hafen, wo neben dem Fischerort zahlreiche Hotels, Restaurants und Villen liegen, die ihn zu einem beliebten Ferienaufenthalt machen. Die Bucht hat einen schönen Strand.

Vom Hafen lassen sich verschiedene Ausflüge machen, z.B. zur *Torre Picada* (2 km), einem alten Aussichts- bzw. Wachtturm auf einer Anhöhe, zur *Muleta* mit ihrem Leuchtturm auf der anderen Seite des Hafenbeckens. Ein sehr interessanter Meeresausflug ist der nach *Torrent de Pareis* und *La Calobra*. Dieser dauert etwa eine Stunde, aber es ist zweckmässig, sich von dem Stand des Wetters zu überzeugen, damit man auch sicher wieder zurückkehren kann.

Vom Hafen fährt man auf derselben Strasse wieder nach *Sóller* zurück. Nach Durchquerung des Ortes beginnt der steile Aufstieg zum Gebirgspass von *Sóller (Coll de Sóller,* 400 m). Auf der Anhöhe befindet sich ein gotisches Kreuz als Grenzzeichen, welches hohen künstlerischen Wert hat. Hier verlieren wir *Sóller* mit dem *Puig Mayor* im Hintergrund aus den Augen und sehen vor uns die absteigenden Kurven der Landstrasse zur Ebene nach *Palma.* Noch am Berghang gelegen finden wir das Herrschaftshaus *Alfabia,* dessen schöne Gärten mit üppiger

Raxa. Se Clastre (Innenhof)

Vegetation und Wasserspielen sehenswert sind. Das Haus, welches zwischen dicht belaubten Bäumen liegt, zeigt in der Vorhalle eine arabische Wandtäfelunug mit Inschriften.

Von *Alfabia* sind es noch 17 km nach *Palma*. Wir kommen wieder durch Olivenhaine mit 1.000 jährigen Bäumen und lassen linker Hand das Dorf *Buñola* mit seinen typischen Strassen und Sommervillen liegen. Nacheinander folgen dann rechts *Biniforani, Son Narci* und *Binietzar*. Bei Kilometer 12 liegt *Raxa*, ein Herrschafthaus, welches durch seine von Kardinal Despuig Ende des 18. Jahrhunderts angelegten Gärten, durch seinen Teich und durch seinen in italienischem Stil gehaltenen Treppenaufgang bemerkenswert ist. Nachdem wir *Son Sardina* passiert haben, erreichen wir wieder die Hauptstadt und beschliessen so unseren zweiten Ausflug.

Dieser, gehört zu den Klassikern unter den Ausflügen, die von der Stadt aus ins Innere der Insel unternommen werden. Einer der Gründe hierzu ist die Tatsache, dass sie zu einem der Besitztümer des Erzherzogs Luis Salvador von Oesterreich führt, der um das Jahr 1880 eines seiner Landhäuser in eine Schenke umwandelte. Dieser Besitz liegt an der Strasse, die von Palma herführt und ist 21 km von der Stadt entfernt.

Der Name ist *Ca Mado Pilla*, so benannt nach dem Namen, mit dem die Bäuerin gerufen wurde, in heutiger Zeit durch ein modernes Gebäude ersetzt, das touristischen Zwecken dient.

Raxa. Teich der Gaerten

Die Aussicht jedoch, die man von dort aus über das Meer geniesst, ist immer noch dieselbe wie zu Zeiten des Erzherzogs. Damals wurde dem Reisenden während drei Tagen unentgeltlich Gastfreundschaft gewährt, wobei selbstverständlich Nachtlager, Mahlzeiten, Holz und Kohle für die Küche, Oel und Oliven und anderes mehr mit inbegriffen war. Es war des Erzherzogs Wunsch, jedermann an den Dingen, die ihm gehörten, teilhaben zu lassen. Sehr im Gegensatz zu diesem wahrhaftig noblen Manne stehen die Neureichen heutiger Zeit, die unweit seiner Besitztümer ihre Häuser und Villen errichteten und am Gartentor die Warnung "Betreten des Grundstücks verboten" anbrachten. Mittelalterliche, in die Neuzeit übersetzte Grundsätze.

Selva. Gemeindekirche

Kloster von *Lluch*

Pollensa. Cala San Vicente

Aufgang zum Kalvarienberg

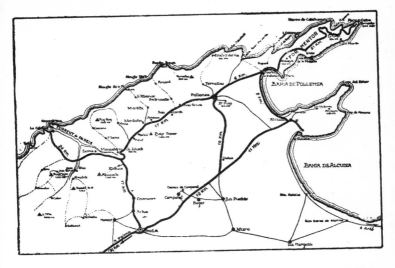

3. Ausflug: PALMA - INCA - KLOSTER LLUCH - POLLENSA - BUCHT VON SAN VICENTE - HAFEN VON POLLENSA - FORMENTOR UND LEUCHTURM - ALCUDIA - HAFEN VON ALCUDIA - INCA - PALMA (Gesamtrundfahrt: 185 km)

Die Landstrasse verlässt *Palma* in nordöstlicher Richtung und durchquert zunächst die Ortchaft *Pont d'Inca*. Bei Kilometer 5 lassen wir rechts den alten Flughafen von *Son Bonet* liegen. Zwischen Kilometerstein 9 und 10 sehen wir rechts in etwa 200 m Entfernung von der Landstrasse das herrliche Gutshaus *Son Veri* liegen, dessen Gärten und bemerkenswerte Kunst- und Gemäldesammlungen besichtigt werden können. Beim Kilometer 15 erreichen wir *Santa María*, wo wir die Pfarrkirche mit ihren interessanten Barocktüren und das im gleichen Stil gehaltene Pfarrhaus besuchen können.

Wir befinden uns auf der ältesten Strasse der Insel, die einst die römischen Siedlungen *Medina Mayurca* (heute *Palma*) und *Pollentia* (heute *Alcudia*) verband. Noch heute führt *Santa María* den Zusatz "del Camí" ("des Weges"), was wohl darauf zurückzuführen ist, dass hier von alters her ein Haltepunkt für die Reisenden zwischen *Palma* und *Alcudia* lag.

Von *Santa María* aus kann man einen interessanten Ausflug auf dem Wege nach *Cova Negre* machen. Hier liegt *Son Torrella* mit seinem Herrschaftshaus, dessen Fassade und Innenhof den

141

Landstrasse *Lluch - Pollensa*

reinsten Mallorquiner Stil zeigen. Nach zweistündigem Fussmarsch erreicht man *Avenc de Son Pou*. Auf diesem Gut können wir eine enorme Höhle besichtigen, die ihr Licht durch eine kleine Öffnung ihres unterirdischen Gewölbes erhält, was ihr einen eindrucksvollen Anblick verleiht. Dieser Ausflug lässt sich noch so verlängern, dass man über *Freu* und das Tal von *Orient* nach *Buñola* (10 km Landstrasse) geht. *Buñola* ist Station der elektrischen Eisenbahn *Palma-Sóller*. Falls man nur bis *Son Pou* wandern möchte, so muss man von dort aus auf demselben Weg nach *Santa María* zurückkehren.

Von *Santa María* führt die Landstrasse parallel zur Bahnlinie bis *Consell* und *Binisalem*. *Consell* ist bekannt durch die dort in Handarbeit hergestellten *Alpargatas* (Segeltuchschuhe mit geflochtenen Sohlen) und *Binisalem* durch seinen Wein. In *Llosetas*, welches wir zur Linken liegen lassen, lohnt es sich das Haus und die Gärten von *Ayamans* neben der Kirche zu besichtigen. Heute ist das Anwesen Eigentum der Familie *March*, die an dem Herrenhaus einen prunkvollen Umbau vornehmen liess.

INCA (14.000 Einwohner). — 29 km von *Palma* entfernt, im Zentrum der Insel gelegen. Von grosser Wichtigkeit, da es der Mittelpunkt der Landwirtschaft von Mallorca ist. Dort wird jeden Donnerstag mit grosser Begeisternug der Markt abgehalten. Sehr bekannt sind die Volksfeste im Monat November,

Pollensa. Romanische Bruecke

vor allem der *Dijous Bo* (der gute Donnerstag), der von allen
wichtigste Tag der Landwirtschaft, die auf Mallorca gefeiert
werden. Aber alles wandelt sich auf dieser Welt. Heute ist
dieser altbekannte Markt durch die Ausstellungen moderner
Maschinerie, und Verkauf von Gelegenheitsautos verdrängt
worden. *Inca* besitzt Stoffabriken und eine bedeutende Schuh-
und Lederartikelindustrie.

Ein ganzes Kontingent motorisierter Arbeiter fährt täglich
von den Nachbardörfern nach *Inca*, um in diesen grossen Werk
stätten zu arbeiten. Von Bedeutung ist die Pfarrkirche *Santa
María la Mayor* mit ihrem Glockenturm gotischer Bauart und
einer gotischen Altartafel, sowie auch die Klöster *San Francisco*
und *Santo Domingo* mit ihren Kreuzgängen aus dem 18. Jahrhundert.

Das Interessanteste, das von der alten Bevölkerung noch
verblieben ist, ist die Posada von *Son Fuster* und das Klausur-
kloster von den *Jerónimas* Schwestern, wo die berühmten *Con-
cos d'Inca* (eine Spezialität) verabreicht werden, ein einmali-
ges Gebäck in seiner Art. Der typische Eingang mit gotischem
Glockenturm ist erhalten geblieben. Es verbleiben weiter die
typischen *Cellers* alte Weinkeller des Landes mit ihren traditionellen Fässern. Dort wird das gebratene Spanferkel *(Porsella
rostida)* serviert und gebratene Hammelinnereien nach Landes-
sitte. Ausserdem gibt es touristische Restaurantbetriebe, in denen in der typischen Aufmachung die allgemeinen Speisen wie
in jeder anderen Gaststätte verabreicht werden.

Hafen von *Pollensa*

Im Zentrum der Stadt wurden einige Änderungen vorgenommen Durch Abbruch von Häusern zur Erweiterung der Strassen hat es seinen ursprünglichen Charakter verloren. *Inca* ist heute eine, moderne, aufstrebende Industriestadt, mit einem grossen Markt, Kinos, Cafés, Bars und bedeutenden Geschäften jeder Art. Der einzige Ausflug ist zur Einsiedlerei von *Santa Magdalena* ungefähr 5 km entfernt.

Von *Inca* fährt man weiter über *Selva* nach *Caimari*, wo sich das Landschaftsbild vollkommen wandelt. Wir kommen wieder in einen gebirgigen Teil. Die Strasse steigt in zahlreichen Kurven durch waldiges und felsiges Gebiet auf eine Höhe von 500 m an. In einem Hochtal 18 km von *Inca* entfernt finden wir Kloster *Lluch*, welches von hohen Bergen und dichten Wäldern umgeben in einer Höhe von 400 m liegt. Dort wird, besonders von Seiten der Mallorquiner, die Madonnenfigur *La Moreneta* verehrt. *Lluch* ist schon seit langer Zeit ein bekannter Wallfahrtsort. Das Kloster ist renoviert worden und hat dadurch seinen alten Charakter verloren. Heute hat es eine grosse Herberge und sein Clastre oder Hauptplatz ist bemerkenswert.

Lluch ist Ausgangspunkt für zahlreiche Ausflüge, u. a. nach *Sóller*, worüber wir schon berichteten, und zum *Torrent de Pareis*, von dem wir noch später an geeignete Stelle sprechen werden. Der interessanteste Ausflug führt über *Clot d'Albarca* nach *Coscona*, einem unter einem Felsen gebauten Hause. Von

Gaerten von *Alfabia* →

Raxa. Clastre (Innenhof) →

Pollensa - Bahia de *Formentor*

dort kann man über Mossa auf dem Pfard rund um den *Puig Roig* immer mit Blick aufs Meer zurückkehren. Für diesen Rundgang benötigt man etwa 6 Stunden. Ein anderer Spaziergang führt uns zu den hinter dem Kloster auf einem Hügel gelegenen Mysterien und zur *Font Cuberta*.

Von *Lluch* aus können wir unseren Ausflug auf der Landstrasse nach *Pollensa* fortsetzen. Diese führt uns zunächst in 700 m Höhe bei *Femenies* durch die gebirgige Gegend zwischen dem *Puig Roig* und *Puig Tomir*. Diese beiden Berge sind über 1.000 m hoch. Die Strasse fällt dann zum *Vall d'En March* ab, wo wir auf der Talhöhe wieder einer üppigen Vegetation begegnen, die in starkem Kontrast zu der Landschaft um *Lluch* steht. Achtzehn Kilometer hinter *Lluch* gelangen wir nach *Pollensa*, einem besonders von Malern bevorzugten Ort.

POLLENSA (10.000 Einw.). — Hier finden wir für die Insel typische Winkel und Sitten. Die malerische Umgebung ladet zu zahlreichen Ausflügen ein, von denen wir u.a. folgende nennen:

El Calvario, ein kleiner bei dem Dorf gelegener Kalvarienberg, dessen Aufgang mit seiner doppelten Reihe von Zypressen einen zauberhaften Anblick bietet. Von der oben gelegenen Kapelle hat man eine ausgedehnte Sicht.

El Oratorio de El Puig liegt in 300 m Höhe und in ca. 3 km Entfernung vom Ort. Dort oben befindet sich eine Einsiedlerei und eine Herberge, in welcher der Besucher freundlich aufge-

← *Raxa*. Treppe in den Gaerten

← *Pollensa*. Aufgang zum Kalvarienberg

Pollensa - Strand von *Formentor*

nommen wird. Der Berg ist leicht in einer Stunde zu besteigen. Von der Höhe hat man einen schönen Blick über die Buchten von *Pollensa* und *Alcudia*, ja an klaren Tagen sogar bis *Menorca*.

Zum *Castell del Rei* (Königsschloss) geht man durch das Tal von *Ternellas* mit seiner alten Einsiedlerei *La Cella*. Wir folgen einer Art Reitweg und finden nach 6 Kilometern die Überreste einer alten, arabischen Befestigung auf einem 400 m hohen Felsen. Dort kann man eine herrliche Aussicht auf die sich im Meer spiegelnden Steilhänge der Nordküste geniessen.

Das Tal *Vall d'En March* an der Landstrasse nach *Lluch* ist seinerseits Ausgangspunkt für schöne Ausflüge, wie z.B. von *Son Grua* über *Pedruxella* nach dem Turm *Torre d'Ariant* mit seinem wilden Felsen *Single Verd*. Diese Steilabfälle von ausserordentlich grosser Höhe liegen in sehr abgeschiedener Gegend. Eine weitere Tour geht über *Mortitx* und *L'Albanor* zum *Single d'Es Pi* durch ebenfalls interessante, aber kaum besuchte Gegenden.

Folgt man nun wieder weiter der Landstrasse von *Pollensa* zum Hafen, so ereichen wir nach 2 km Fahrt links die Abzweigung zu der 3 km entfernten Bucht von *San Vicente*. An ihrem schönen Strand liegen moderne Sommervillen und Hotels. Die an Dantes Beschreibungen erinnernden steilen Felsen des *Cavall Bernat* im Hintergrund sind oft wegen ihrer Farbtönungen von Malern festgehalten worden. Sieben Kilometer vom Ort *Pollen-*

Leuchtturm von *Formentor*

sa entfernt liegt der Hafen, dessen ehemaliges Fischerdorf zu einer Fremdenkolonie ersten Ranges mit herrlichen Villen und Hotels geworden ist. Die im Sommer besonders stark bevölkerte Ortschaft zieht sich geschlossen auf über 4 km Länge entlang der Meeresbucht hin.

Vom Hafen *Pollensa* aus kann man interessante Ausflüge unternehmen. Zur *Casa Vall de Boquer* in etwa halbstündigem Fussmarsch durch die Berge. Zur *Cala de San Vicente* über einen stark abkürzenden Fussweg in einer Stunde.

Für Meeresfahrten stehen Boote zur Verfügung. Man kann zu folgenden Punkten gelangen: nach *Las caletas* auf der anderen Seite der Bucht am Abhang des Heiligtums bzw. Berges *La Victoria*: nach *Formentor* und dem dortigen Leuchtturm, vorbei an der grossartigen und wilden Küste, an der oft die Horste grosser Vögel zu sehen sind.

FORMENTOR. — Hinter dem Hafen steigt die Strasse an und erreicht nach 3 km die Höhe von *Mal Pas,* wo sich das Panorama vollkommen ändert. Rückschauend erblicken wir die Bucht und den eben durchquerten Hafen von *Pollensa* und vor uns öffnet sich die Sicht auf die steilen Felsen der Nordküste und das unten brandende Meer. Weiter führt die Strasse kilometerlang durch Pinienwälder. Zehn Kilometer von *Pollensa-*Hafen entfernt, in reizvoller Landschaft, dicht an einem Strand mit feinstem Sand liegt das Hotel.

Blick vom Leuchtturm von *Formentor* aus

LEUCHTTURM VON FORMENTOR. — Wenn Mallorca Festland wäre, so könnte man sagen, dass *Formentor* eine Halbinsel ist, deren äusserster nördlicher Zipfel das Kap von *Formentor* darstellt. Die noch nicht lange fertiggestellte Landstrasse hört an dem Leuchtturm auf. Hier sind wir 13 km vom Hotel bzw. 23 km von Hafen von *Pollensa* und 83 km von *Palma* entfernt. Dieser Punkt hat die grösste Entferung von der Hauptstadt auf der ganzen Insel.

Auf der 23 km langen, meisterhaft angelegten Strecke zwischen dem Hafen von *Pollensa* und dem Leuchtturm von *Formentor* kommen wir zu zahlreichen Aussichtspunkten an Felsen, von denen aus die Unendlichkeit des Meeres aus 100 oder 200 m Höhe betrachtet werden kann. Ein Tunnel von 200 m Länge durchstösst den *Es Fumat* Berg von 350 m Höhe. Diese unfruchtbare Landschaft mit Felsen ohne jegliche Vegetation, nur hin und wieder einer Pinie bewachsen, ist sonst nirgends auf der Insel anzutreffen.

Kurz vor dem Tunnel liegt nahe der Strasse die Bucht von *Cala Murta* mit ihrem durchsichtigen Wasser und feinem Sandstrand. In dieser herrlichen Gegend zwischen der Bucht und der Landstrasse steht die Büste des grossen mallorquiner Dichters *Costa y Llobera*, der dieses gottgesegnete Land besungen hat.

Der in 209 m Höhe stehende Leuchtturm von *Formentor*

Alcudia. Tor des *San Sebastián*

beherrscht durch seinen balkonartigen Vorbau das Meer fast
im ganzen Umkreis. Mit Leichtigkeit kann man hier einen
guten Blick auf das Mittelländische Meer erhalten. Man
übersieht die ganze Nordküste der Insel, aus der sich besonders
der *Morro de Catalunya* hervorhebt. Südlich erblickt man die
durch den Berg *La Victoria* getrennten Buchten von *Pollensa*
und *Alcudia* und darüber hinaus *Cap Ferrutx*. Bei klarem Wetter
kann man sogar im Osten den nächstgelegenen Zipfel der Insel
Menorca (40 km) mit *Ciudadela* sehen. Dazwischen liegt das
weite Meer, das die beiden Inseln voneinander trennt.

Von dem *Formentor*-Leuchtturm müssen wir auf derselben
Landstrasse nach dem Hafen von *Pollensa* zurückkehren. Von
diesem schönen Flecken aus können wir dann am Ufer entlang
den 7 km entfernten Ort *Alcudia* erreichen.

ALCUDIA. — Dieser Ort, von den Römern gegründet hat
heute ca. 3.500 Einwohner. Die Ortschaft liegt zwischen den
Buchten von *Pollensa* und *Alcudia*. In der dortigen Gegend
vorgenommene Ausgrabungen ergaben deutliche Spuren der
früheren römischen Zivilisation. Einige der dort gefundenen
Gegenstände werden in den Musseen Palmas gezeigt. Sehenswert
ist das direkt an der nach dem Hafen führenden Landstrasse
gelegene römische Amphiteater. Von den alten aus dem Mittel-

Alcudia. Tor des Hafens

Alcudia. Der Hafen

Innenansicht der Grotten von *Campanet*

alter stammenden Mauern stehen noch heute die beiden gut-
erhaltenen Haupttore. Nach 2 km Fahrt erreicht man von
Alcudia aus den Hafen, der, direkt an der herrlichen Bucht
gelegen, über einen Sandstrand verfügt, welcher der grösste der
Insel ist. Am Hafen hat man erst kürzlich ein grosses Elektri-
zitätswerk gebaut, welches die ganze Insel mit Strom versorgt.

Sowohl vom Hafen als auch von *Alcudia* selbst aus kann
man den interessanten Ausflug zum Heiligtum *La Victoria*, in
etwa 5 km Entfernung vom Ort machen. Von diesem steilen
Berg hat man eine schöne Aussicht auf die Bucht von *Pollensa*
mit *Formentor* im Hintergrund.

Im Hafen vom *Alcudia* befinden wir uns am äussersten Ende
der Landstrasse von *Palma*, die, gleich einer Echse, die Insel
in zwei Teile zerschneidet. Auf dieser Strasse kehren wir dann
unmittelbar nach der 55 km entfernten Hauptstadt zurück.

Nach einer Fahrt von 25 km vom Hafen *Alcudia* gelangen
wir wieder nach *Inca*. Hier schliesst sich die Rundfahrt *Inca-
Lluch-Pollensa-Alcudia-Inca*. Auf der direkten Landstrasse nach
Palma fahren wir nun wieder in die Hauptstadt zurück.

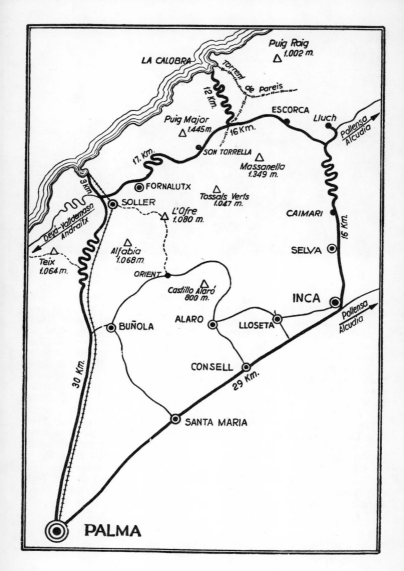

Landstrasse *Soller - Lluch*

4. Ausflug: PALMA - INCA - LLUCH - LA CALOBRA - TO-RRENT DE PAREIS - SON TORRELLA - SOLLER - PALMA

Der Wildbach, welcher alles Wasser des *Lluch*tales und *Clot d'Albarca* sammelt, und ein zweiter, welcher das Wasser der *Gorg Blau* und der Hochbäche von *Cuber* zwischen dem *Puig Mayor* und *Massanella* zusammenführt, vereinen sich bei *Entreforc* und bilden zusammen den *Torrent de Pareis* (Wildbachbett). Dieses grossartige Tal zieht sich in einer Länge von 4 km auf der Sohle des gewaltigen Einschnitts zwischen etwa 300 bis 400 m hohen Felswänden hin. Bei einer Breite, die nie über 30/40 m hinausgeht, bietet sich uns hier eine einzigartige Naturformation. Der Schatten, den die Felskolosse auf das Tal selbst werfen, ist derartig, dass sich ein fast unzugänglicher Ort, gennant *La Fosca* (Die Dunkelheit), gebildet hat.

Es ist schade, dass man diesen Ausflug zu einem solch malerischen Ort, der seinesgleichen auf der Insel nicht hat, unter ungewöhnlichen Bedingungen machen muss. Während des Winters ist eine Durchquerung unmöglich. Man sollte für einen Besuch den heissen Sommer wählen, wenn das Tal vollkommen trocken ist. Selbst dann ist es nicht immer einfach, das Tal zu passieren, besonders, da ein seitlicher Aufstieg an den wilden Felspartien fast unmöglich ist.

153

Torrent de Pareis

Um das Tal in seiner ganzen Länge zu durchstreifen, muss man als Ausgangspunkt *Escorca* nehmen, dessen Häusser dicht fernt, liegen. Von hier hat man einen herrlichen Blick aus der Vogelperspektive über den Einschnitt, den das Wasser zwischen Felswänden gebildet hat, mit dem blauen Meer im Hintergrund.

Bei den Häusern von *Escorca* beginnt der Fusspfad, der in einer Stunde zu dem schon erwähnten *Entreforc* führt. Dort beginnt das eigentliche Tal des *Torrent de Pareis*. Wenn der Wildbach ausgetrocknet ist, kann man den Ausflug bis zur Mündung fortsetzen, sonst muss man auf demselben Weg nach *Escorca* zurückkehren. Für den Weg bis zur Mündung benötigt man vier Stunden auf einer Strecke die vielerlei Schwierigkeiten bietet zumal meist noch die Hitze des Sommers hinzukommt, da man nur dann durchkommen kann. Sobald diese aber überwunden sind, wird dem Besucher stets die Erinnerung an dieses einzigartige Naturschauspiel verbleiben.

Ein kürzerer Ausflug kann nur zur Mündung selbst gemacht werden. Als Ausgangspunkt dient dann *La Calobra*, welches man über See vom Hafen von *Sóller* aus mit einem gemieteten Boot erreichen kann. Im Sommer besteht ein fahrplanmässiger Bootsdienst zwischen *Sóller* und *La Calobra*. Für die Fahrt braucht man eine Stunde. In jedem Fall ist es notwendig, sich davon zu überzeugen, dass das Meer ruhig ist, damit die Ein- und vor allem die Aus- und Wiedereinschiffung glatt von-

155

Torrent de Pareis

statten gehen kann. Dieser Ausflug ist schon deshalb lohnenswert, weil das Boot dicht unter der steil abfallenden Nordküste herfährt.

Die Fahrt zur *Torrent*-Mündung ist leicht und zu jeder Jahreszeit durchführbar. Im Auto gelangt man von *Palma* auf einer guten Landstrasse nach einer Strecke von 70 km nach *La Calobra*. Wir empfehlen besonders, in *Escorca* haltzumachen, weil vom dortigen Aussichtspunkt der *Torrent de Pareis* in seiner Gesamtheit aus grosser Höhe bewundert werden kann. Von *La Calobra* führt ein Tunnel von 200 m. Länge von dem Ende der Landstrasse bis zur Mündung des *Torrent*, der aber nur von Fussgängern benutzt werden kann. Hier finden wir zwischen den Felsen einen Steinstrand, der die Mündung des Wildbaches darstellt. Dieser Ausflug lässt sich auch mit Einzelfahrschein im Autobus an den entsprechenden Tagen durchführen.

Die Rückkehr nach *Palma* lässt sich auf einer anderen Route bewerkstelligen. Von *Calobra* kommend biegt man auf der Höhe von *Ca Els Reis* in die neue Strasse nach *Son Torrella* (900 m) ein, die entlang des Hochtales *Pla de Cuber* zwischen den beiden höchsten Bergen der Insel *Massanella* und *Puig Mayor* hindurchführt. Die gute Strasse führt dann weiter durch einen 400 m langen Tunnel, an dessen Ende sich eine herrliche Aussicht auf das *Sóller*-tal eröffnet. Vorbei an *Fornalutx* geht es dann nach *Sóller* und zurück nach *Palma*. (Siehe 2. Ausflug). Diese Rundfahrt ist etwa 155 km lang.

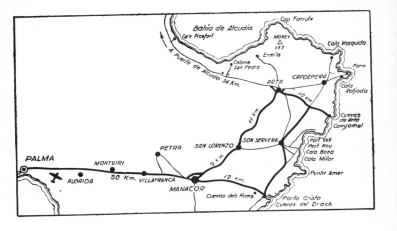

5. Ausflug: HAMS-UND DRACH-HÖHLEN (MANACOR)
UND ARTA-HÖHLEN

Den östlichen Teil der Insel bezeichnen wir als die Zone der Höhlen, weil sich dort die wichtigsten Grotten befinden. Die Gegend ist gebirgig, und meist können nur, ohne Bewässerung, Mandel- Feigen- und Johannisbrotbäume gepflanzt werden. Trotz der Bergformation ist sie geologisch unabhängig von der nördlichen Hauptkette. Die Erhebungen, die mit vielen Pinien bewachsen sind, übersteigen nie 500 m. In dieser Gegend, die während der Jahrhunderte den Landungen arabischer Piraten ausgesetzt war, findet man noch gut erhaltene Festungen. Sie besitzen richtige Verteidigungstürme mit Zinnen. Wir nennen nur *Canyamel* bei den *Artá*-Höhlen und *Las Puntas, Son Amorós* und *Son Forteza* bei *Manacor;* weitere finden wir um *Artá.*

Die Wege zu den Höhlen gehen alle von *Manacor* aus. Alle drei Höhlen an einem Tage zu besuchen, wäre etwas zu überstürzt, besonders, wenn mann die Kilometer berücksichtigt, die dabei zurückzulegen sind. Um die Fahrt nicht so ermüdend zu gestalten, kann man in *Porto Cristo, Canyamel* oder *Cala Ratjada* übernachten. Bei den von *Palma* organisierten Ausflügen

Porto Cristo

in Autobussen kann man jeweils an einem bestimmten Wochentag die *Drach-* und *Hams-*Höhlen oder die *Artá-*Höhlen besichtigen. Ausser diesen Höhlen gibt es noch die Piraten-Höhlen mit dem berühmten Victoriasee, die im vergangenen Jahrhundert wegen ihrer Schönheit viel besucht wurde, jetzt aber leider geschlossen sind.

MANACOR liegt 50 km von *Palma* entfernt. Die Landstrasse führt durch die Dörfer: *Algaida* mit seinen typischen Gasthäusern, *Montuiri* mit vorgeschichtlichen Wahrzeichen und *Villafranca de Bonany*. Anfangs führt die Strasse durch eine reiche Gegend mit Obst- und Gemüsegärten und unzähligen Windmühlen. Dann kommt die Waldzone von *Xorrigo*. Auf der ganzen Strecke sieht man viele Mandelbäume, die den landwirtschaftlichen Reichtum der Insel darstellen. Anfang Februar bietet sich dem Auge ein Farbkontrast von eindrucksvoller Schönheit zwischen den weissblühenden Bäumen und der darunter aufgehenden grünen Saat.

Manacor mit seinen 19.000 Einwohnern ist Bezirkshauptstadt. Neben einer gut entwickelten Landwirtschaft finden wir Betriebe zur Herstellung von Möbeln und künstlichen Perlen. Unter den Bauten müssen wir die Pfarrkirche wegen ihrer Grösse und des die Stadt überrangenden Glockenturmes hervorheben. Sehenswert ist auch das frühere Kloster *Santo Do-*

Hafen von *Pollensa* →

Weg nach *Formentor* = *Porto Colom* →

Hoehlen von *Drac*. See

mingo, ein aus dem 17. und 18. Jahrhundert stammendes kunstvolles Bauwerk, ferner der Turm von *Ses Puntas* aus dem 15. Jahrhundert mit seinen Spitzbogenfenstern *(finestres coronelles).* Über 40 Mühlen standen ursprünglich in der Umgebung der Stadt. Doch heute sieht man nur noch die Ruinen einiger Türme.

Für einen Besuch der Höhlen müssen wir der Landstrasse bis zu dem 12 km entfernten Fischerhafen *Porto Cristo* folgen. Der dortige Badestrand mit seinen Hotels und Restaurants zieht im Sommer viele Gäste an. Ganz in der Nähe liegen dann die berühmten Höhlen.

DRACH-HÖHLEN. — Diese Höhlen wurden von Piferrer "Die unterirdische *Alhambra"* getauft. Obwohl sie schon länger bekannt waren, werden sie erst seit Ende des vorigen Jahrhunderts besucht. Bei einer Gesamtlänge von 2 km ist es unmöglich, die Anzahl der Grotten und die Einzelheiten des alten Teiles zu beschreiben. *La Cueva Negra, El Baño del Sultán, El Gran Salón, El Purgatorio, El Lago de las Maravillas* u.s.w. Die *Cueva Blanca* mit ihrem *Lago de las Delicias* (See) ist eine der schönsten Stellen in den Höhlen.

Unter der Schirmherrschaft des Erzherzogs Ludwig Salvator untersuchte im Jahre 1896 der grosse französische Höhlenforscher Martel den berühmten See, der seither seinen Namen

Strand von *Porto Cristo*

trägt. Er entdeckte am anderen Ufer die gewaltige Höhle der Franzosen *(Cueva de los franceses)*. Der Martel-See *(Lago Martel)* hat eine Länge von 177 m und eine durchschnittliche Breite von 40 m. Das kristallklare Wasser ist an manchen Stellen bis zu 9 m tief. Die Besucher werden in Booten über den ruhigen See gesetzt und sehen über sich die riesige Stalaktiten-Wölbung. So wie die ganze Höhle elektrisch illumiert ist, werden auch hier die Wände feenhaft angestrahlt, so dass der Besucher beschaulich alle Einzelheiten in sich aufnehmen kann. Die Beleuchtungsanlage wurde von Ingenieur Bohigas geschaffen.

DIE HAMS HÖHLEN wurde 1906 entdeckt und später lange durchforscht. Dem Publikum sind sie erst seit kurzer Zeit zugänglich und weisen infolgedessen noch ihre ursprüngliche Reinheit auf, da sie nie mit rauchenden Fackeln betreten wurden. Ihren Namen verdanken sie der grossen Anzahl durchsichtiger Stalaktiten in Harpunnenform *(Hams)*. Sie ist etwa 350 m lang und hat elektrische Beleuchtung. Charakteristisch ist der Reichtum an weissen und hellen Stalaktiten und Stalagmiten, von denen viele vom Boden bis zur Wölbung reichen. Daneben bestehen grossartige Säle, wie z.B. der *Palacio Imperial* oder *Sala de Descanso* in Rundform mit über 50 m Durchmesser. Ferner gibt es eine Anzahl kleinerer Grotten, die interessant

Cala Ratjada.

Einsiedlerkloster von *Betlem*

Cala Bona

sind, aber nicht im einzelnen aufgezählt werden können, sowie das *Mar de Venecia*, einen See.

Artá (5.500 Einw.), 20 km von *Manacor*, entfernt, hat viele vornehme Häuser, welche der Stadt einen herrschaftlichen Ausdruck verleihen. Die grosse Pfarrkirche steht auf einem Hügel und beherrscht die ganze Ortschaft. Von hier führt eine breite Treppe zur Kirche *San Salvador*, die auf einer kleinen Erhöhung beim Ort liegt. Hier finden sich Überreste der einstigen Festungsanlagen, und man hat eine wunderbare Sicht über die ganze Gegend.

In der Umgebung von *Artá* befinden sich interessante Megalithen, wie z.B. die *talaiots* von *La Canova*, in 10 km Entfernung bei *Colonia de San Pedro*, und die von *Ses Pahisses* beim Bahnhof mit grossem Steinportal. Besichtigenswert ist das Museum, in welchem von Ausgrabungen stammende Gegenstände zusammengetragen wurden.

Man kann einen lohnenden Ausflug zu einer 10 km entfernten Eremitage (*Ermita de Belén*) machen, von wo man die Grossartigkeit der Bucht von *Alcudia* bewundern kann. Hier ist ein Gebetshaus. Unterkunft wird gewährt.

Von *Artá* aus kann man ferner *Capdepera* (8 km) mit seiner alten Festung, Burghof und Schlosszinnen besuchen. Im Hof befindet sich heute eine Kapelle der *Señora de la Esperanza* in feinstem gotischen Stil. In den Bergen wachsen in grossen

Cala Millor

Cala Millor

Porto Cristo. S'Illot

Mengen die Zwergpalmen, welche die Grundlage für die im Dorf heimische Korbflechterei bilden.

Zwei Kilometer hinter *Capdepera* und 80 km von *Palma* entfernt treffen wir auf *Cala Ratjada*. Dieses malerische Dorf mit seinem Hafen und Fischerviertel hat sich heute durch den Bau von modernen Hotels in eine herrliche Sommerfrische mit zahlereichen Badegästen verwandelt. Erwähnenswert ist der Palast *March*, der in einer unvergleichlich schönen Lage errichtet wurde. Zwei Kilometer weiter erreichen wir das Kap von *Capdepera*, den östlichsten Zipfel der Insel. Hier steht auf steiniger und steiler Höhe der wichtige Leuchtturm, von wo man genau und in seiner vollen Ausdehnung das Wasser übersehen kann, welches *Mallorca* von *Menorca* trennt. An dieser Stelle begegnen sich die Schiffe deren Route zwischen Frankreich und Algier dort vorbeiführt.

In der Gegend von *Capdepera* und *Cala Ratjada* bietet sich die Gelegenheit für zahlreiche Ausflüge. Hier finden wir viele Buchten mit feinstem Sandstrand, umgeben von dichten Pinienwäldern *(Cala Gat, Cala Moll, Cala Gulla, Cala Mesquida* u.s.w.). In etwa einer Stunde kann man zum Gipfel des *Son Jaumells*-Berges aufsteigen, wo noch einer der alten Wachttürme *(atalaia)* steht, die einst dem Schutz gegen das Eindringen der Piraten dienten. Auf diesem Turm war auch eine optische Signalanlage angebracht, die bis zur Verlegung des Tele-

Artá. Schloss *La Almudaina*

graphen-Seekabels die Verbindung zwischen *Mallorca* und *Menorca* herstellte.

An der Küste von *Son Servera* verdienen noch die Strände und Buchten zwischen *Cabo del Pinar* und *Punta Amer* genannt zu werden. In einer Entfernung vom 3 bis 5 km vom Ort befinden sich *Cala Bona, Cala Millor, Port Nou, Port Vell, Es Ribell, Punta Rotja,* u.s.w.

Die touristische Welle, welche die ganze Insel durchdrungen hat, verwandelt auch diese paradiesischen Landschaften, die letzten, die trotz der modernen Bebauungspläne verblieben sind. Wegen ihrer Schönheit und unvergleichlichen Pracht ist es wahrscheinlich, dass dieselben als viel besser und schöner empfunden werden im Vergleich mit vielen anderen der Insel. Erforderlich ist eine Verbindung all dieser Punkte durch eine Strasse, die das Seeufer entlang *Porto Cristo* direkt mit *Canyamel* verbindet, damit so herrliche Punkte leicht bewundert werden können.

Die Höhlen können wir sowohl von *Capdepera* (8 km) als auch von *Artá* (10 km) aus besuchen. Sie liegen zwischen *Canyamel* und *Cap Vermell. Canyamel* ist eine schöne Bucht mit sauberem Sandstrand, umgeben von einem dichten Pinienwald. In dem malerischen Winkel *Es Pins de Ses Vergues* liegt das Restaurant der Höhlen. Die Häuser von *Canyamel* gehören zu einem alten gotischen Turm mit Zinnen, dessen Viereck nahe bei der Landstrasse liegt.

Capdepera. Schloss

Kapelle *La Esperanza*

Cala Ratjada

Artá. Turm von *Canyamel*   Eingang zu den Grotten

Artá. Strand von *Canyamel*

171

ARTA-HÖHLEN. — Der Eingang der Höhlen gleicht einem riesigen Rachen, der hochgewölbt das Meer überragt. Von dem Ende der Landstrasse, an einem kleinen Platz, führt eine Steintreppe hinauf zu dem 46 m hoch gelegenen Eingang. Von dort oben bietet sich ein so grandioses Naturschauspiel, dass es der Besucher wohl kaum je vergessen kann: Ein Blick aus grosser Höhe durch eine Felsspalte aufs Meer. Die Besichtigung ist bequem durchzuführen, da die Höhlen elektrische Beleuchtung haben, und die Wege sicher sind. Die Gesamtlänge beträgt etwa 300 m und Herr E. Reclus erklärte sie mit zu den schönsten der Welt. Seit altersher sind sie bekannt und wurden erforscht und beschrieben von bedeutenden Persönlichkeiten. So schreiben z.B. *Faura* und *Sans*: "Es ist unmöglich, in kurzen Worten den Eindruck zusammenzufassen, der einen bei der Betrachtung der grossartigen Höhlen überkommt".

Die gewaltigen Ausmasse machen jegliche Schätzung schwer. Trotz der hervorragenden Beleuchtung ist an manchen Stellen das Ender der Grotten nur mit starken Scheinwerfern zu erkenne. Unter den bedeutendsten Sälen wollen wir die folgenden aufzählen. *Salón de las Columnas, Salón de la Reina de las Columnas,* mit Säulen bis zu 22 m Höhe, *El Purgatorio* (Das Fegefeuer), *El Infierno* (Die Hölle) mit einem senkrechten Felskamm von 17 m Höhe, *El Teatro* (Das Theater) ist 30 m lang und 10 m breit. Hier liegt auch der vom Eingang am entferntesten gelegene Punkt der Höhle (310 m), *Sala de las Banderas* (Der Fahnensaal) ist 45 m hoch. Am Ende der Besichtigung, wenn der Besucher wieder dem Vestibulo zustrebt, muss er sich langsam an das einfallende Sonnenlicht gewöhnen. Es sind gerade diese Gegensätze, die einen unauslöschlichen Eindruck hinterlassen.

Die Rückfahrt nach *Palma* (entweder durch *Artá* oder durch *Son Servera*) ist wieder durch *San Lorenzo* und *Manacor.* Nichtsdestoweniger kann eine Rundfahrt folgen von *Artá,* bis an den Hafen *Alcudia* (35 km). Diese Strasse hat sehr interessante Teile, meistens am Ufer der Strände die entlang der grossen Bucht liegen; mehrere Sektoren haben eine moderne Bebauung. Vom Hafen *Alcudia* aus durch *Inca* fahren wir direkt nach *Palma* zurück. Die Fahrt ist 70 km lang. Wenn man durch den Hafen *Alcudia* und *Inca* zurückfährt, ist der Weg etwas länger: 90 km.

6. Ausflug: PETRA

Das Dorf Petra ist im Zentrum der Insel gelegen und von *Palma* 44 km entfernt, 4 km seitlich der allgemeinen Landstrasse *Palma-Manacor*. 2 km vor dem Dorf befindet sich der herrschaftliche Sitz von *Son Santandreu* mit echten mallorquinischen Möbeln vom besten Stil und einer wertvollen Fächersammlung aus der Epoche. *Petra* hat Eisenbahnverbindung.

Der Besuch in *Petra* ist interessant, da es der Geburtsort von Fray Junípero Serra ist. Die Geschichte des Dorfes ist eng verbunden mit dem grossen Franzikanerprediger, der hier am 24. November 1713 geboren wurde. Er war der Gründer der Städte *Los Angeles, Monterrey, San Diego, San José* und *San Francisco* in Californien. Sein Geburtshaus ist mit allen Einzelheiten erhalten. Es ist ein bescheidenes Vorbild einer mallorquinischen Wohnung des 18. Jahrhunderts. Erhalten wurde auch das Kloster als Baudenkmal aus dem 17. Jahrhundert, wo der berühmte Prediger erzogen wurde, und ein typischer Weinkeller. Die Pfarrkirche hat einen gotischen Altar und interessante Messgewänder. In jüngster Zeit wurde diesem berühmten Prediger ein Denkmal auf dem Platz des Dorfes errichtet und ein Museum als Zentrum der Juniperianischen Studien gegründet. 1927 wurde seine Statue im Saal der Berühmtheiten im Kapitol von Washington aufgestellt. Ein interessanter Ausflug kann von *Petra* aus gemacht werden: zum Wallfahrtsort *Bonany*, etwa 5 km entfernt, der auf einem Hügel von 300 m Höhe liegt mit Einsiedlerei und Gaststätte. Trotz der geringen Höhe überblickt man von ihr aus die ganze Ebene des Zentrums der Insel. Von *Petra* aus kommen wir auf derselben Landstrasse zurück bis wir die allgemeine Strasse *Palma-Manacor* erreichen.

← *Petra.* Innenansicht des Geburtshauses des Pater Junípero Serra

Porto Colom

Felanitx. Schloss von *Santueri*

Strand von *Porto Cristo* –
Cala Ratjada. Strand der *Cala Gulla* –

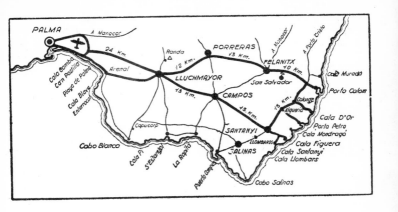

7. Ausflug: PALMA - LLUCHMAYOR - PORRERAS - FELA-NITX - PUIG SAN SALVADOR - SANTANYI UND CALA FIGUERA - CAMPOS - LLUCHMAYOR - PALMA

Man kann diesen Ausflug als Fortsetzung des vorhergehenden machen und fährt solchenfalls direkt von *Manacor* nach *Felanitx* (12 km). Es gibt auch eine direkte Verbindung zwischen *Porto Cristo* und *Porto Colom*.

Um von *Palma* nach *Lluchmayor* zu fahren, gibt es verschiedene Wege. Um eine hübschere und bessere Aussicht zu haben empfehlen wir als Ausfahrt, die moderne Autobahn bis *Ca'n Pastilla* und die neue Strasse dem Meer entlang (*Playa de Palma*) bis Arenal und von diesem Punkt aus direkt nach *Lluchmayor* (25 km von *Palma*). Es ist ein Dorf von 12.000 Einwohnern und hat bedeutende Schuhfabriken.

Von *Lluchmayor* geht es weiter zu dem 12 km entfernten *Porreras*. In der dortigen Pfarrkirche werden einige wertvolle Gegenstände, u. a. ein gotisches Prozessionskreuz, welches von den Tempelrittern herrührt, aufbewahrt. Ein interessanter Ausflug von *Porreras* führt zu dem Heiligtum *Montesión* (2 km), das auf einer Anhöhe steht. Dieses ehemalige, gut erhaltene Kloster bietet mit seinem unregelmässig angelegten Kreuzgang, seiner Kapelle und Herberge einen freundlichen Anblick.

← *Santanyi. Cala Figuera*

← *Santanyi.* Strand von *Cala Santanyi*

Felanitx. Cala Marsal

Nach weiteren 13 km Fahrt in östlicher Richtung treffen wir auf *Felanitx*, das schon im Altertum gegründet wurde. Durch den Bau von vielen modernen Gebäuden hat es sich in letzter Zeit sehr fortschrittlich entwickelt. Kleinere Vororte haben sich gebildet. Die Pfarrkirche, bemerkenswert wegen ihrer Grösse, wurde im 13. Jahrhundert erbaut und später im 17. Jahrhundert renoviert. Zu ihr hinauf führt eine breite Freitreppe. An demselben Ort befindet sich die Quelle der Heiligen Margarethe. *Felanitx* (12.000 Einwohner) ist von Bedeutung wegen seiner Landwirtschaft, Weinbau und Fleischkonservenfabrikation.

Von *Felanitx* aus lassen sich die verschiedensten Ausflüge machen, z.B. nach *Porto Colom* (12 km), einer kleinen Siedlung mit grossem und sicherem Hafen, dessen Tiefgang jedoch nicht für Schiffe ausreicht. Der interessanteste Ausflug führt zu dem Heiligtum von *San Salvador* (4 km), welches -500 m hoch gelegen- auf bequemer Landstrasse zu erreichen ist. Als einziger Berg in der südlichen Ebene der Insel bietet er von hier oben einen ausgedehnten Überblick Man sieht nicht nur die grosse Zahl der umliegenden Ortschaften, sondern auch die Weite des Meeres und evtl. im Süden die Nachbarinsel *Cabrera*. In diesem Heiligtum befindet sich eine im 13. Jahrhundert gegründete Einsiedelei mit Herberge und Bewirtung. In der ersten Seitenkapelle der Kirche verdient ein herrliches, in Stein gebautes, gotisches Altarbild Beachtung.

← *Felanitx.* Gemeindekirche

Cala D'Or

Cala D'Or

Santanyi. Cala Figuera

Ein anderer Ausflug geht von *Felanitx* nach dem nahe bei dem *San Salvador* gelegenen *Castillo de Santueri* (6 km). Diese mittelalterliche Festung hat mit Zinnen gekrönte Türme und ist angelehnt an das genannte Heiligtum. Sie liegt nicht so hoch wie der *San Salvador*, doch ist der Ausblick ähnlich. Nach Bover ist es eine der ältesten Befestungsanlagen Mallorcas aus der Römerzeit und diente zur Verteidigung von *Porto Colom*, *Porto Petro* und *Cala Llonga*. Im Mittelalter wurde die Burg mehrfach belagert. Im Jahre 1495 sass dort Don Carlos von Navarra, Prinz zu Viana, in Gefangenschaft.

Von *Felanitx* können wir direkt (17 km) oder über *Cala d'Or* nach *Santanyi* fahren. Im zweiten Fall nehmen wir nach dem Besuch des *San Salvador* die Strasse nach *Porto Colom*. Bevor wir jedoch diesen Ort erreichen, in noch etwa 1 Kilometer Entfernung, biegen wir nach Süden ab und erreichen über *L'Horta* und *Calonge* den Strand von *Cala d'Or* bzw. *Cala Llonga*. Zur Rückkehr nach *Palma* (62 km) müssen wir wieder *Calonge* passieren, um über *Alquería Blanca* nach *Santanyi* (12 km) zu kommen. In der dortigen Pfarrkirche befindet sich eine gotische Kapelle und eine riesige Orgel, die aus dem alten Kloster von *Santo Domingo* in *Palma* stammt.

Das Interessanteste an *Santanyi* ist der Abstecher zu den in östlicher Richtung 5 bis 6 Kilometer entfernt liegenden

Santanyi. Es Pontás

Buchten. Alle vier Buchten haben Strand und sind malerisch von Pinien umgeben: *Cala Mondragó, Cala Figuera, Cala Santanyi* und *Cala Llombarts.* Diese abgeschiedenen Winkel sind das Schönste was Mallorca zu bieten hat. *Cala Figueras* hat einen kleinen Hafen. Zum alten Fischcherviertel stehen die modernen Bauten der Unterkünfte und Restaurants für die Sommergäste in scharfem Gegensatz. Zwischen *Cala Santanyi* und *Cala Llombarts* steht hart an der Küste *Es Pontás,* ein gewaltiger, einzelner Felsen in Form einer riesigen Naturbrücke.

Von *Santanyi* kann man nach *Palma* zurückkehren entweder über *Ses Salines* und den Hafen von *Campos* oder auch direkt (50 km) durch einen fruchtbaren und gut kultivierten, meist mit Mandelbäumen bepflanzten Landstrich wobei man *Campos* mit seinen zahllosen Wassermühlen und wieder *Lluchmayor* berührt. Diese Rundfahrt einschliesslich des Besuches des *San Salvador-Berges* hat eine Länge von etwa 146 km.

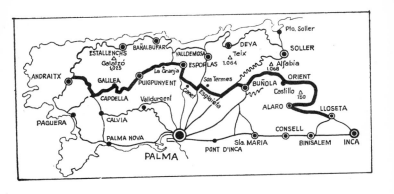

8. Ausflug: **PALMA - LLOSETA - ALARO - ORIENT - BU-ÑOLA - S'ESGLAIETA · ESPORLAS - PUIGPUÑENT - GALILEA - ANDRAITX**

"Spain is different" —Spanien ist anders— heisst einer der Slogans des offiziellen Tourismus. Was Mallorca anbetrifft, so lässt sich sagen, dass es schwerhalten wird, an einem andern Ort mit so kleiner Oberfläche (3.600 Quadratkilometer) so viel Variationen in Bezug auf landschaftliche Schönheit und andere Attraktionen anzutreffen. Jener Besucher, der alle vorerwähnten Ausflüge bereits gemacht hat, wird es noch stärker empfinden auf Grund des Ausflugs, der im Folgenden beschrieben wird. Bis jetzt haben wir einige der 200 oder mehr Badestrände mit ihren modernen Ueberbauungen, Restaurants, Bars und dem dazugehörenden Nachtleben gesehen. Auch die wie Pilze aus dem Boden wachsenden Apartment-Blocks, die Zementkästen der Hotels, alles im Stil durchweg standarisiert, recht monoton, so wie der ganze Touristenbetrieb, der während der Saison an all diesen Orten herrscht. Wir haben die steile Felsküste der Nordseite bewundert, die phantastische Aussicht über das Meer von den antiken Wachttürmen aus, den imposanten *Torrent de Pareis* und den leicht bühnenmässig anmutenden *Hafer* von *Sóller*. Wir haben uns von den grandiosen Grotten überraschen lassen und sind auf den während des Sommers durch den ständig anwachsenden Verkehr verstopften Landstrassen gefahren.

Lloseta. Plaza Mayor

Orient

Alaró im Winter

Die nachfolgend beschriebene Exkursion bedeutet das Gegenteil von alledem. Es ist eine Reise ins Innere der Insel, durch Täler und über Berge, so als durchquerten wir einen ganzen grossen Kontinent ohne das Meer zu sehen, oder es nur in weiter Ferne zu erspähen. Es wird eine Reise nach dem wirklichen, dem primitiven Mallorca werden, wo es einfach und noch patriarchalisch zugeht, nach einem Mallorca, das von der alles mit sich wegschwemmenden Welle des Tourismus noch nicht erfasst wurde, wo es noch keine Bikinis und moderne Strandetablissements gibt, keinen Verkehrssalat, keine strengen Wächter des Strassenordnung. Nein, was wir sehen werden, sind wunderschöne Landschaften, unberührte Dörfer und vornehme Landhäuser einstiger Herrschaften vergangener Jahrhunderte.

Wir werden Wälder durchfahren und auf Felder blicken, auf denen früher nichts anderes als die tausendjährigen Olivenbäume wuchsen. Oder Mandelbäume, Johannisbrotbäume. Wir werden uns an den üppigen Obstgärten nicht sattsehen können. All dies bildete auf Mallorca, ehe der Tourismus kam, den einzigen Reichtum, die einzige Quelle des Wohlstandes. Unter diesem Gesichtspunkt ist dieser Ausflug ganz speziell zu empfehlen, denn er schafft den Vergleich zum modernen Mallorca, das der Besucher logischerweise in erster Linie zu sehen bekommt.

Zu Beginn verlassen wir *Palma* auf der Strasse nach *Inca*, über *Port d'Inca*, *Santa María*, *Consell* und *Binisalem*. Alles

Buñola

Orte, die bereits in den Ausflug Nr. 3 beschrieben wurden.
Bei km 24. verlassen wir die Hauptstrasse und biegen nach
links ab, wo wir nach 4 km Lloseta, ein Dorf der Schuhfabri-
kation, erreichen. Erwähnenswert sind der Platz bei der Kirche
und das herrschaftliche Haus der *Ayamans,* das heute im Besitz
der Familie March ist, und zu dem herrliche Gärten gehören.

Von *Lloseta* aus fahren wir nach dem 8 km entfernten *Alaró.*
Die Fahrt führt durch das Quartier von *Los d'Amuts,* einem der
ältesten und typischsten der Insel. Hier gibt es ebenfalls Schuh-
industrie. Auch ein interessantes Schloss auf luftiger Berges-
höhe, über das wir in einem den Bergen gewidmeten Kapitel
orientierten. In der Nähe dieses Schlosses liegen viele die erwähnenswert sind wie z.B. *Son Bergues, Son Grau, Son Antonio,
Benyols,* etc.

Von *Alaró* steigt die Strasse weiter an, zwischen den Bergen
durch an den Gütern *Son Curt, Son Cladera* und *S'Olivaret*
vorüberführend bis zu einer Höhe, von der aus sich das ganze
Tal und *Solleric* überblicken lässt. Vorüber an Olivenhainen
und Berghängen, geht die Reise nach dem 10 km weiter entfernten *Orient,* einem winzigen, abgelegenen Bergdorf, das 400 m
hoch liegt und seiner guten Luft wegen berühmt ist. Von dort
aus lassen sich einige, bereits erwähnte Ausflüge in die
Berge unternehmen. Die Strasse durch das pintoreske Tal führt
weiter nach *Bunyola,* das an der Bahnlinie *Palma-Sóller* liegt.

186

Puigpuñent

Das Dorf ist von Bergen umgeben, deren interessantester der *Se Comuna* ist, den man über eine gute Strasse erreicht, die durch einen Fichtenwald führt. Vom Berg aus geniesst man eine prächtige Rundsicht über die ganze Insel.

Von *Bunyola* aus folgen wir der Strasse nach *Sóller*, Zwischen dem 14 und 15 km, in der Nähe von *Ca'n Penasso*, ist der Ort. ein altes Haus, wo in früheren Zeiten auf der Reise von *Palma* nach *Sóller* auf halbem Weg ein Wagenhalt eingeschaltet wurde. Die Strasse weiterverfolgend bis zu km 12, finden wir am Weg die Gärten und Herrschaftshäuser von *Alfabia* und *Raxa*, in ihrer Art zauberhafte, mit Wasserspielen ausgestattete Besitzungen. Nun verlassen wir die Strasse *Palma-Sóller* und zweigen über *Son Termes* nach *S'Esglaieta* ab, das mit seiner Kapelle ungefähr 3 km weiter liegt. Es ist ein an der Strasse *Palma-Valldemosa* gelegener, winziger Weiler. Nun zweigen wir ab nach dem Tal von *Canet*, an dessen Eingang wir abermals einen prächtigen Garten samt monumentalem Treppenaufgang finden. Nach weiteren 5 km befinden wir uns in *Esporlas*, das wir durchqueren, um zum Gut *La Granja* zu gelangen, das seiner herrschaftlichen Anlage wegen Beachtung verdient. Auch Innenhof, *Portal* und Gärten sind von grosser Schönheit. Von hier aus zweigen wir nach links ab nach dem Dorf *Puigpuñent*, das wir über *Soperna*, immer auf der zwischen den Bergen durchführenden Strasse, erreichen. Die Landschaft ist hier sehr

Galilea

einsam und reizvoll. Wir sehen *Son Vic* mit seinen Gärten und einem kleinen Teich, was zum Interessantesten gehört, was wir auf dieser Reise sehen. In *Puigpuñent* lohnt sich der Besuch von *Son Forteza*, mit seinen Wasserspielen. Von *Puigpuñent* aus geht es weiter nach *Galilea*, einem kleinen, in den Bergen gelegenen Dorf, dessen Höhen von einigen alten Mühlen gekrönt sind. Von diesen Höhen bewundern wir das grossartige Massiv des 1.000 m hohen *Galatzó*. Hier auch sehen wir zum ersten mal auf dieser Exkursion aus weiter Ferne das Meer. Wir folgen der Strasse weiter nach *Escapdellá*, einem Dorf, das in seinen Bauten moderne Einflüsse nicht verleugnen kann. Von hier aus geht es über die Höhen von *Coll de N'Esteva* über eine Strecke von 10 km und durch eine äusserst abwechslungsreiche Landschaft mit interessanten Gütern weiter. Man merke sich die Namen von *Son Hortola* und *Son Mas*. Kurz nachher erreichen wir das pittoreske *Andraitx*, wo die Ausflüge als beendet betrachtet werden kann. Seit *Lloseta* haben wir 70 km zurückgelegt, seit *Palma* 100 km.

Andraitx wurde in Exkursion Nr. 1 beschrieben. Von hier aus lassen sich die dort beschriebenen Exkursionen unternehmen. Wir können von *Andraitx* aus auf verschieden Wegen nach Palma zurückkehren. Der kürzeste führt über die direkte Strasse *Andraitx-Palma*. Der längste Weg 52 km lang, führt über *Estallenchs* und *Esporlas*.

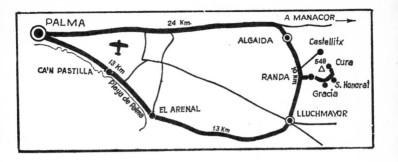

9. Ausflug: BERG VON RANDA
(Rundfahrt: 60 km)

Von *Palma* aus geht es auf der Landstrasse nach *Manacor* bis zu Kilometer 22, wo wir rechts nach *Algaida* einschwenken. Bei Kilometer 3,5 auf der linken Seite, finden wir einen Seitenweg, welcher nach *Castellitx* (2 km) führt. In diesem Dörfchen ist ein altes Gebetshaus mit einem prächtigen Portal in römisch-byzantinischem Stil erhalten, welches einzig auf *Mallorca* dasteht. Man sagt, dass dies der erste christliche Tempel gewesen ist, der nach der Eroberung Mallorcas errichtet wurde.

Fünf Kilometer hinter *Algaida* befindet sich der kleine Ort *Randa*, von wo die auf den Berg führende Strasse ihren Ausgang nimmt. Randa liegt direkt am Bergabhang und untersteht dem nächsten grösseren Ort *Algaida*. Nach weiteren 3 Kilometern Fahrt sehen wir in einer Höhe von 500 m die Kapelle von *Cura*, wo sich im 13. Jahrhundert der vielseitige Schriftsteller *Ramón Llull* aufhielt und sein grösstes Werk, *Ars Magna* verfasste. Der Berg hat ringsum freie Sicht und an klaren Tagen überblickt man die ganze Inselfläche bis zu den Buchten von *Palma* bzw. *Alcudia* und die Insel *Cabrera*. Die ausgezeichnete Herberge oben ist modern eingerichtet und wird von dem Franziskanerorden betreut.

Etwa 1 Kilometer von *Cura* entfernt liegt das Heiligtum *San Honorato* und auf der Ostseite des Berges mit Blick auf die Landschaft von *Lluchmayor* befindet sich die *Gracia*-Kirche, die in eigenartiger Form unter einen vorspringenden Felsen gebaut ist. Nebenan ist eine einfache Herberge.

Die Rückfahrt kann man über *Lluchmayor* machen auf dem Wege, der schon bei Ausflug 7 beschrieben worden ist.

Die Strasse *Algaida-Lluchmayor* ist erst kürzlich fertiggestellt worden und gilt als hervorragend.

Santuario de Cura   Santuario de Gracia

Strand von *Can Picafort*

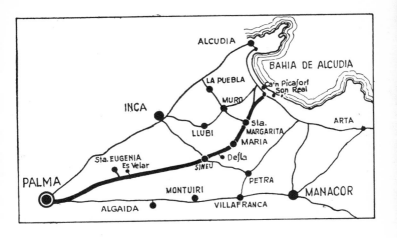

10 Ausflug: PALMA - SINEU - MARIA DE LA SALUD - SANTA MARGARITA - CA'N PICAFORT

Eine Fahrt durch die reichen Felder Mallorca's, bis zum beliebten Ausflugsziel von *Ca'n Picafort*. Die Excursion führt über die Strasse von *Manacor*, vorüber an *Mesón de Ca'n Blau*, nach links abzweigend und der Strasse von *Camí Vell de Sineu* folgend. Während der ersten paar Kilometern durchqueren wir fruchtbare Obstgärten, Gemüsefelder und Weiden. In einer Entfernung von 10 km finden sich Reste der prähistorischen Siedlung *Es Velar*. Dann erreichen wir das von *Palma* 33 km entfernte *Sineu*.

Es *Sineu* ist ein Dorf von 6.000 Einwohnern. Der Ort ist bemerkenswert für seine Landwirtschaft, und für seinen traditionellen Markt, der jeden Mittwoch abgehalten wird. In der näheren Umgebung des Ortes befindet sich *Defla* mit einigen sehr schönen Herrenhäusern, jahrhundertelalten Bäumen und einem gothischen Turm mit Zinnen samt Fenster aus derselben Epoche. Der König von Mallorca, Jaime II, gründete diesen Ort und errichtete daselbst seinen Palast, der später in ein Kloster umgewandelt wurde. Die Strasse, der wir bisher folgten, heisst die "königliche Strasse", und ist eine der ältesten Strassen der Insel überhaupt, um sich von der Stadt bis zum Königspalast zu begeben.

Strand von *Can Picafort*

Von *Sineu* geht es weiter über *María de la Salud* und *Santa Margarita* bis nach *Ca'n Picafort*, 50 km entfernt von *Palma*, gelegen inmitten eines lichten Pinienwalds, mit eleganten Promenaden, gesäumt von ebenso eleganten Hotels und Villen und umgeben vom wunderschönen Badestrand von *Alcudia*, wo sich während der Sommersaison ein lebhafter Tourismus konzentriert. Nur um ein weniges weiter als 1 km dem Meer entlang finden wir die sehr interessante prähistorische Siedlung *Son Real*.

Auf Mallorca gibt es heute mehr als vierzig touristische Urbanisationen mit Badestränden und Grünflächen. Eine der wichtigsten ist die oben beschriebene, auch wenn sie nicht mit einer direkten Buslinie von *Palma bis Ca'n Picafort* verbunden ist von wo aus andere, weniger wichtige Urbanisationen erreichbar sind.

Ca'n Picafort ist die Endstation dieser Excursion. Wer nicht denselben Weg nach *Palma* zurückkehren will, kann es über andere Routen tun, beispielsweise über *Petra* (siehe Excursion 6), oder über *Muro*, wo das *Museo Alomar* zu besichtigen ist, welches eine Sammlung von interessanten Instrumente beherbergt, die vorwiegend ländliche Verwendung fanden. Von *Muro* führt der Weg über *Inca* nach *Palma*.

BERGTOUREN

Die Gebirgskette im Norden der Insel besitzt neun Gipfel von über 1.000 m Höhe. Man kann so viele Touren unternehmen, dass wir uns darauf beschränken müssen nur die hauptsächlichsten herauszugreifen, ohne dabei auch die möglichen Zufahrtswege ausser Acht zu lassen. Diese Ausflüge sind ein weiterer Anreiz für die den Bergsport liebenden Fremden und ferner ein Beweis dafür, dass Mallorca neben seinen erstklassigen Hotels an entzückenden, von Pinien umgebenen Meeresbuchten, auch diese ganz andere und fast unbekannte Seite zeigen kann. Jedenfalls steht es in dieser Hinsicht keinem der berühmten anderen Fremdenverkehrsgebiete nach.

Bevor die moderne Eisfabrikation zu Beginn dieses Jahrhunderts auf der Insel eingeführt wurde, legte man im Winter grosse Schneedepots in den Bergen an, die dann im Sommer in der Stadt verbraucht wurden Noch finden sich auf den Höhen sogenannte Schneehäuser *(Casa de Sa Neu)*, die nur aus dicken Wänden ohne Dach bestehen. Nachdem der Schnee eingefüllt und festgestampft war, wurden sie oben mit Pinienzweigen abgedeckt. Auf einem Saumpfad wurde der Schnee dann im Sommer zur nächsten Landstrasse herabgebracht. Diese, heute allerdings sehr verwitterten, Wege kann man jetzt noch bei den Bergtouren benutzen.

AUFSTIEG ZUM PUIG DE MASSANELLA (1.348 m). —

Dies ist der zweithöchste Berg auf Mallorca. Der günstigste Anmarsch beginnt bei den an der Landstrasse *Inca-Lluch* zwei Kilometer vom Kloster *Lluch* gelegenen Gütern *El Guix* und *Coma Freda* (Höhe 500 m). Der Pfad ist durch Wegweiser des *Fomento del Turismo* (Fremdenverkehrsverein) gekennzeichnet. Der Aufstieg ist wegen seines guten Zustandes leicht. Vom Gipfel überblickt man das ungeheure Massiv des *Puig Mayor* und die Unendlichkeit des Meeres. Ferner im Osten: Die Buchten von *Pollensa* und *Alcudia* und an klaren Tagen die Insel *Menorca*. Im Westen: Die Gipfel der *La Serra*-Gebirgskette. Im Süden: Die Ebene der Insel mit unzähligen Dörfern. Da die Besteigung leicht ist, empfehlen wir diese Tour besonders. Auch bietet sich unterhalb des Gipfels, in über 1.000 m Höhe, Gelegenheit zur Rast an einer klaren Quelle.

BESTEIGUNG DES PUIG MAYOR (1.445 m). — Dies ist der

höchste Berg der Insel. Vom Gipfel sieht man in südlicher Richtung die ganze Ebene und die verschiedenen Dörfer und im Norden das weite Meer. An klaren Tagen kann man bis *Menorca*, *Ibiza* und *Cabrera* sehen. Selbst die Küste von Katalonien will man erblickt haben. Der Ausgangspunkt für die Besteigung ist *Son Torrella*, dessen Häuser in etwa 1.000 m Höhe in der Nähe der Landstrasse *Sóller-Lluch* liegen. Für die Besteigung des *Puig Mayor* ist eine Sondergenehmigung notwendig.

AUFSTIEG ZUM L'OFRE (1.090 m). — Dieser kann sowohl

von *Sóller* als auch *Orient* aus durchgeführt werden. Beide Wege treffen sich bei den Häusern des Gutes in der Nähe einer Quelle. Man kann den einen oder anderen zum Auf oder. Abstieg wählen. Der Aufstieg von *Orient* hat den Vorteil, dass man erst in 400 m Höhe bei *Commassema* die Landstrasse verlassen muss. In *Las barreras* trifft man dann auf den von *Sóller* kommenden Weg.

Von *Sóller* aus geht man zunächst nach *Biniaraitx* und steigt im Zickzack durch. *Es Barranc* auf, wobei man *Sóller* nicht aus der Sicht lässt. Bei *Las Barreras* trifft man auf den von *Orient* kommenden Weg. Die letzten 200 m. muss man ohne Pfad hinaufklettern. Von oben bietet sich eine interessante Aussicht auf das *Sóller*-Tal mit den ringsum liegenden Bergen, sowie auf die Hochebene von *Cuber* und die vielen Gipfel der ganzen Bergkette.

AUFSTIEG ZUR SIERRA DE ALFABIA (1.038 m). — Von

den neun höchsten Bergen ist dies ein kammförmiges Berg-
massiv von mehreren Kilometern Länge. Dieser Form verdankt
es wohl auch seinen Namen *Sierra de Alfabia* (*La sierra* =
die Säge). Der Pfad geht von dem Pass bei Kilometer 20,9 ab,
bis man eine Quelle mit dickstämmigen Pappeln erreicht. Von
hier aus müssen wir den Kamm erklimmen, ohne dass es einen
Weg gäbe. Wenn man aber dem Weg weiter folgt, erreicht man
einen schönen, über *Sóller* gelegenen Aussichtsturm, genannt
Ses Piquetas de s'Arrom. Von hier ist auf einem Maultierpfad
im Zickzack in etwa einer Stunde *Sóller* zu erreichen.

AUFSTIEG ZUM TEIX (1.064 m). — Von den neun höchsten

Bergen der Insel liegt dieser *Palma* am nächsten. Er kann von
zwei sich gegenüberliegenden Punkten aus bestiegen werden:
Valldemosa oder Pass von *Sóller*. Beide Orte liegen auf etwa
400 m Höhe. Man kann von einem Punkte auf- und zum anderen Punkte absteigen.

Von *Valldemosa* aus folgt man dem Weg nach *Son Gual* und
Sa Coma, der noch vom Erzherzog Ludwig Salvator angelegt
wurde. Nach Erreichen der Hochfläche muss man die letzten
200 m ohne Weg aufsteigen. An der höchsten Stelle liegt *Sa
Cadira del Rei en Jaume* (Stuhl des Königs Jaime), von wo man
die Hauptstadt mit ihrer Bucht, die Inselebene sowie im Osten
die Spitzen der Bergkette sehen kann.

Man kehrt nun wieder zu dem Gebirgspfad zurück und
erreicht nach einem weiteren Marsch von etwa einer halben
Stunde auf dem anderen Bergabhang die Häuser, wo der König
Mallorcas, der an Asthma litt, an diesem Ort lange Zeit ver-
brachte. Übrigens war der *Teix* sein Lieblingausflug, und oben
pflegte er sich auf dem erwähnten Stuhl auszuruhen. Von hier
aus führt nun wieder ein Fahrweg zu einem etwa eine Stunde
entfernt liegenden Gut, welches direkt an die Passtrasse von
Sóller grenzt.

Wenn man diese Touren alle gemacht hat, so sind die Be-
steigungen des *Puig Tomir*, *Galatzó*, *Puig Roig* und *Tessols
Verts* nicht mehr so interessant. Die zu überwindenden Schwierigkeiten stehen in keinem Verhältnis zu der sich jeweils bieten-
den Aussicht, obwohl diese auch an manchen Stellen herrlich
sein kann.

AUFSTIEG ZUM SCHLOSS VON ALARO (800 m) — Dieser

verhältnismässig sehr einfache Ausflug lässt sich von *Alaró* oder
Orient aus machen. Man kann über *Son Curt* bis *Es Verger* auf
folgen. Auch von der anderen Seite kann man über *Son Bergues*,
einem Fahrweg hinaufgehen und dann den Pfad zum Schloss

← Schloss von *Alaró*

S'Olivaret und *Solleric* hinaufkommen Der leichte Aufstieg wird oben mit einem Blick auf ein herrliches Panorama belohnt. Auf der Höhe liegt eine Herberge und eine der *Virgen del Refugio* geweihte Kapelle. Diese Heilige geniesst grosse Verehrung im Ort.

Der ganze Berg war im Mittelalter eine bedeutende militärische Festung. Die von Zinnen gekrönten Verteidigungstürme sind noch gut erhalten. Hier leisteten die zwei Verteidiger der Mallorquiner Abhängigkeit, *En Cabrit* und *En Bassa*, heldenhaften Widerstand gegen die Ansprüche des Usurpators Alfons IV., König von Aragón. Die beiden Helden wurden nach Einnahme der Festung lebend verbrannt.

AUFSTIEG ZU DEN GOBIAS DE LA ALQUERIA (608 m). Wenn es auch keine sehr grosse Tour ist, so ist sie doch lohnend. Sie ist nicht nur wegen ihrer Leichtigkeit und Kürze, sondern auch wegen des schönen Ausblicks, der sich oben bietet, zu empfehlen.

Als Ausgangspunkt wählt man das bei Kilometer 16 an der Strasse *Palma-Sóller* gelegene herrliche Landgut *La Alquería*. Die Fassade dieses Herrensitzes und die umgebenden Gärten sind sehenswert. Das Gut ist etwa 1,5 km von der Station *Buñola* der Eisenbahn *Palma-Sóller* entfernt. Der Fahrweg direkt beim Haus führt uns nach 4 km zu einem Hügel, wo dann ein Wegweiser für den Pfad auf die Spitze des höchsten der drei Berge, *Las Gobias*, steht. Diese Berge sind südliche Ausläufer des *Teix*.

In der Nähe des Hügels gibt es eine Quelle. Der Weg ist bequem und einfach zu verfolgen, da er vom Fremdenverkehrsverein *(Fomento de Turismo)* gekennzeichnet ist. Oben ist ein herrlicher Aussichtspunkt, der in direkter Linie etwa 12 km von *Palma* entfernt liegt. Um hinauf zu gelangen, braucht man nicht ganz 2 Stunden. Von hier oben übersieht man die ganze Bucht von *Palma* und die umliegende Ebene.

Der Abstieg kann auf der anderen Seite erfolgen, bis wir wieder auf den Fahrweg treffen, den wir vorher verlassen hatten. Ihm folgen wir dann weiter bis zu den Häusern von *Montanya*. Hier beginnt der Abstieg auf einem Fussweg nach *Pastoritx*. Dies in einem Tal gelegene, grossartige Herrschaftshaus hat wundervolle Gärten. Von hier geht es weiter nach *Valldemosa*, doch ist dieser Weg etwa doppelt so weit wie der Anmarsch. Da er ausserdem nicht ganz einfach ist, ist er als Abstiegsweg vom *La Gobia* nicht so zu empfehlen.

← L'Ofre von *El Cornador* aus

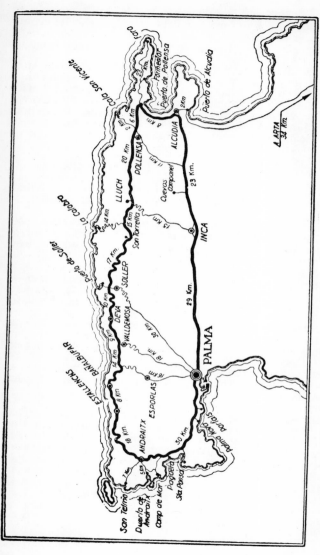

DIE NORDICHE RUTE: PALMA - ANDRAITX - ESTALLENCHS - BAÑALBUFAR
DEYA - SOLLER - LLUCH - POLLENSA - HAFEN VON POLLENSA
ALCUDIA - PALMA (210 km.)

MALLORCA - RUNDRFAHT

Bisher haben wir die Insel von der Hauptstadt aus in Tagesausflügen durchstreift, indem wir morgens wegfuhren und abends wieder zurückkehrten. Im Frühling oder Sommer dürfte für die meisten dieser Ausflüge ein Vor- bzw. Nachmittag genügen. Die Omnibusfahrten sind entsprechend organisiert. Man kann aber auch auf der Insel ausgedehntere Rundfahrten unternehmen, wobei man das Meer kaum jemals aus der Sicht verliert.

NÖRDLICHE RUNDFAHRT. — Die unter 1 bis 4 beschriebenen Ausflüge können zu einer einzigen Rundfahrt mit einer Gesamtfahrstrecke von etwas über 200 km zusammengelegt werden. Wir empfehlen, für diese Tour mindestens 2 Tage vorzusehen und Ruhepausen dort einzulegen, wo es dem Besucher richtig erscheint. Ausserdem zweigen von dem beschriebenen Weg Strassen zu anderen Sehenswürdigkeiten ab, weshalb man immer mehr Zeit als vorgesehen braucht. Wir bieten für diese Strecke keine Einzelheiten, da diese ja schon bei den vorhergehenden Ausflügen beschrieben worden sind. Zur Orientierung diene die kleine Karte.

Von *Palma* aus fahren wir nach *Andraitx, Estallenchs* und *Bañalbúfar* (Siehe auch 1. Ausflug). Von dort geht es weiter nach *Valldemosa*, wo *La Cartuja* besucht werden kann, *Miramar, Deyá* und *Sóller* (Siehe 2. Ausflug), evtl. auch *Sóller*-Hafen. Ab *Sóller* benutzen wir dann die gute, neu angelegte Strasse nach *Son Torrella*, das in etwa 1.000 m. Höhe liegt.

Von dort aus kann man mit einer Sondergenehmigung den *Puig Mayor*, den höchsten Berg der Insel besteigen. Hinter der Schlucht des *Gorg Blau* können wir den Weg der eigentlichen Rundfahrt verlassen und einen Abstecher nach *La Calobra* und dem *Torrent de Pareis* (Siehe 4. Ausflug) machen. Nach diesem Besuch folgen wir wieder der Strasse über Kloster *Lluch* nach *Pollensa*. Auf der Weiterfahrt zum Hafen von *Pollensa* kommen wir auf eine Abzweigung, die nach *Cala San Vicente* führt. Von *Pollensa*-Hafen aus können wir *Formentor* und seinen Leuchtturm besuchen (Siehe 3. Ausflug). Nach *Pollensa*-Hafen zurückgekehrt fahren wir dem Ufer der Bucht folgend nach *Alcudia* und seinem Hafen.

Palmanova

Hafen von *Andraitx*

Strand im Hafen von *Soller*

Von *Alcudia* geht es auf guter und modern ausgebauter Strasse direkt nach *Palma* zurück. Unterwegs können wir nochmals abzweigen, um die sehenswerten Höhlen von *Campanet* zu besuchen.

In *Palma* endet dann wieder diese Rundfahrt, bei der wir bei möglichst kurzer Fahrtstrecke das Interessanteste der Insel zu sehen bekommen. Der Weg führt durch die verschiedenartigsten Gegenden und manchmal geht es vorbei an Hügeln oder durch Schluchten inmitten der höchsten Berge oder dann wieder entlang des Meeres angesichts der vielen Buchten und Badestrände. Die Zonen mit reichem Olivenbaum- eder Waldbestand wechseln mit verlassenem Ödeland und zum Schluss bestaunt man wieder das so reiche und gut kultivierte Flachland.

Die Strassen sind die besten von der ganzen Insel und einige Teilstrecken sind neu angelegt. In allen auf der Karte angegebenen Orten findet man Hotels und Restaurants, so dass man sich die Rundfahrt ganz nach Wunsch und ohne Schwierigkeiten einteilen kann.

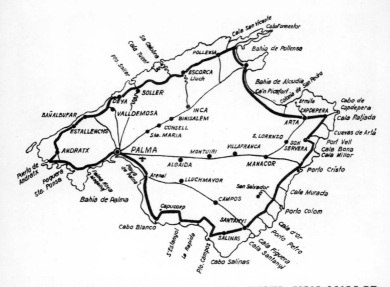

EXCURSION UEBER DIE GANZE INSEL VON MALLOR-
CA. — Bis jetzt wurden hier Teil-Excursionen beschrieben, entweder nördliche oder östliche Punkte der Insel berührend. Die ganze Insel kann jedoch in einer Excursion von einer Ausdehnung von ca. 300 km besichtigt werden, auch wenn das für einen einzigen Tag ein schwieriges Unterfangen darstellt. Auf diesem Weg sieht der Besucher mehr als tausend Hotels und Restaurants, die ihm die Uebernachtungen erleichtern, ferner berührt er die Grotten von *Artá, Drach* oder *Dels Hams* (siehe Excursion 5).

Wir verlassen *Palma* gegen Westen in Richtung *Andraitx-Alcudia* über dieselbe Nordroute. Ab *Puerto de Alcudia* folgen wir, um nach *Palma* zurückzukehren, der Strasse von *Puerto de Alcudia-Artá* über *Son Serra de Marina* (34 km), welche in keiner der vorgängig beschriebenen Excursionen figurierte. Von *Artá* geht die Fahrt weiter nach der im äussersten Osten gelegenen *Cala Ratjada*. Von *Artá* führt die Strasse dem Meer entlang, und nicht sehr regelmässig, über *Santanyi* (ca. 70 km lang). Hier finden sich neu entstandene, wunderschöne und zahllose Urbanisationen, die während der Sommersaison von unzähligen Touristen dank ihrer Vielfältigkeit in Wohnungen, Villen und Bungalows jedweder Art aufgesucht werden.

Landstrasse zur *Calobra* und dem *Torrent de Pareis*

Hafen von *Pollensa*

Colonia de *Sant Jordi* (Hafen von *Campos*)

Von *Santanyi* aus kann der Weg abgekürzt werden, indem man über *Campos, Lluchmayor* und *Playa de Palma* die Stadt *Palma* direkt erreicht, oder mit einem Umweg über *Campos* oder *Colonia de Sant Jordi* mit Abzweigung über *Cabo Blanco* und *El Arenal*.

Es lässt sich von jeder Küste der Insel, ob Nord, Süd, Ost oder West sagen, dass sich überall erstklassige touristische Urbanisationen finden, die einen Besucht wert sind, nicht zu reden vom Besuch der hochinteressanten Stadt *Palma*.

RUNDFAHRT ZUR SEEE UM DIE INSEL. — Das ist eine sehr angenehme Fahrt, die man aber im Sommer machen sollte. Viele Vergnügungsjachten besuchen den Hafen von *Palma*. Im *Club Náutico* liegen oft bis zu 100 ausländische Boote. Von *Palma* aus kann man die Häfen von *Andraitx, Sóller, Pollensa, Alcudia, Cala Ratjada, Porto Cristo, Porto Colom, Porto Petro, Cala Figuera, Cabrera, Campos* anlaufen und den Ausflug wieder in *Palma* beenden. Wir geben diese Häfen an, weil dort überall Unterkunftsmöglichkeit (ausser in *Cabrera*) besteht und im jeweiligen Fischerhafen ein sicheres Ankern ist. Die Orte sind sämtlich auf der Karte angegeben und können so zum Festlegen der einzelnen Etappen benutzt werden, die zur völligen Insel-Umsegelung notwendig sind.

Cala Pi.

Cabrera.

AUSFLUG NACH DER INSEL CABRERA

Cabrera liegt südlich von Mallorca und ist 17 km von Kap Salinas entfernt. Zwischen *Palma* und *Cabrera* liegen etwa 51 Kilometer, die mit einem kleinen Dampfer in dreistündiger Fahrt zurückgelegt werden können. Ihre grösste Länge beträgt 7 km und einschliesslich einiger nahegelegener Inseln, wie z.B. *La Conejera*, beträgt die Gesamtoberfläche 1.800 Hektar. Die höchste Erhebung bildet der *Guardia*-Berg (172 m). Es gibt dort Stellen, die bebaut werden können, und auch einige Pinien. Die wilden Ziegen richten jedoch immer wieder grossen Schaden an. Das Klima ist mild und äusserst trocken wegen der fehlenden Regenfälle. Die einzigen Bewohner der Insel sind die Leuchtturmwärter und ihre Familien, die sich mit der Bebauung des Bodens beschäftigen.

Das Bemerkenswerteste ist der grossartige, natürliche Hafen mit einer Oberfläche von 50.000 m, der gegen alle Winde geschützt liegt. Die Einfahrt ist 300 m breit, und selbst grosse Schiffe mit entsprechendem Tiefgang können dort einlaufen und ankern.

Sehr interessant ist die Burg, die an der Einfahrt auf einem Felsen in einer Höhe von 72 m steht. Sie wurde im 14. Jahrhundert als Schutz vor den Einfällen berberischer Seeräuber errichtet. Trotzdem bemächtigten sich diese im Verlauf des 14. Jahrhunderts mehrfach der Insel, da dies ihre Landungen auf *Mallorca* erleichterte. Da die Burg nahe bei der Mole steht und leicht zu erreichen ist, sollte man von oben die Silhouette Mallorcas und das weite Meer betrachten.

Ein sehr empfehlenswerter Ausflug führt zur Blauen Höhle *(Cova Blava)*, die nur auf den Wasser zu erreichen ist. Die Fahrt kann somit nur bei gutem Wetter gemacht werden. In der Höhle gibt es keine Stelle, an der angelegt werden kann. Das Wasser in dieser grossartigen Höhle ist recht tief, und der Meeresboden ist sandig. Wenn das Licht nun durch das Meerwasser in die Höhle eindringt, so ergibt sich, von Innen betrachtet, ein phantastischer Farbkontrast zwischen dem Weiss des Meeresgrundes und dem Blau des Wassers. Die Höhle ist in einer knappen halben Stunde von der Mole aus zu erreichen.

Cabrera ruft ein *trauriges* Kapitel aus dem spanischen Unabhängigkeitskrieg wach. Von den in der Schlacht bei *Bailén* gefangen genommenen Franzosen wurden über 8.000 von 1809 bis 1814 auf der Insel interniert. Nur 3.000 von ihnen kehrten nach vielen Wechselfällen in die Heimat zurück. Ein kleines Denkmal am Ende des Hafens, das 1847 zur Erinnerung an dieses Geschehen von dem unter dem Oberbefehl des Prinzen de Joinvilles stehenden französischen Geschwader errichtet wurde, erzählt noch heute von dieser traurigen Begebenheit.

Es besteht auf der Insel kein Gasthaus oder Herberge. Man muss sich also mit dem Notwendigsten versehen, um den Tag dort verbringen zu können.